Invideo '99

Senza cornice
Unframed

Video d'arte e ricerca
Experimental and Art Video

CHARTA

Catalogo

A cura di
Sandra Lischi

Documentazione e redazione
Ludovica Fonda, Chicca Bergonzi

Fotografie
Maurizio Pratesi

Traduzione in inglese
John Young

Traduzione in italiano
(sezione Finestra sull'Europa)
Ludovica Fonda

Ufficio stampa
Silvia Palombi - Arte e Mostre, Milano

Graphic design
AchilliGhizzardiAssociati

Designer
Marina Pica

Fotolito
FGP, Milano

Stampa e confezione
Bianca & Volta, Truccazzano (Milano)

In copertina
Tumitinhas di Eder Santos
Foto di Maurizio Pratesi

© 1999
A.I.A.C.E., Milano

© 1999
Edizioni Charta, Milano

ISBN 88-8158-215-5

Edizioni Charta
via della Moscova 27
20121 Milano
Tel. +39-2-6598098/+39-2-6598200
Fax +39-2-6598577

Printed in Italy

Finito di stampare
nel mese di Gennaio 1999
presso Arti Grafiche Bianca & Volta,
Truccazzano (Milano)

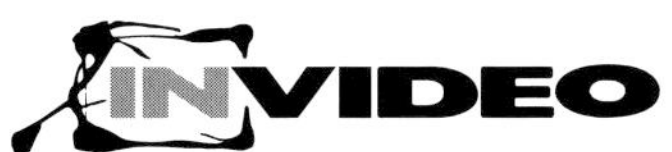

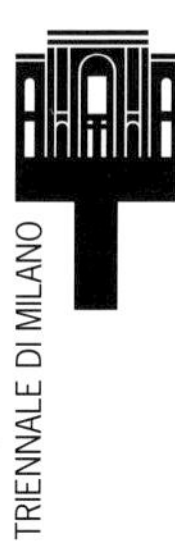

Mostra internazionale di video d'arte e ricerca   IX Edizione

International Experimental and Art Video Exhibition   *9th Edition*

Triennale di Milano/Palazzo dell'Arte
28 gennaio/4 febbraio 1999

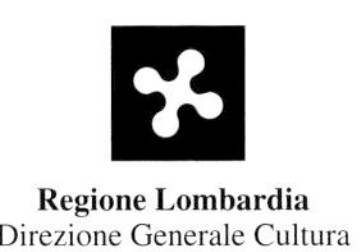

Regione Lombardia
Direzione Generale Cultura

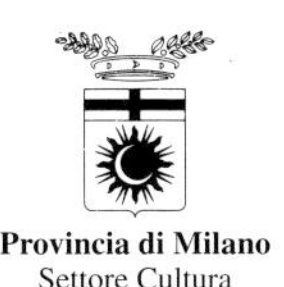

Provincia di Milano
Settore Cultura

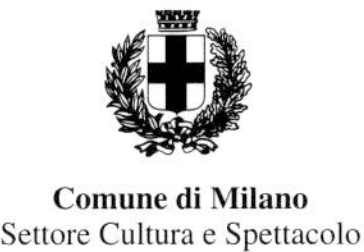

Comune di Milano
Settore Cultura e Spettacolo

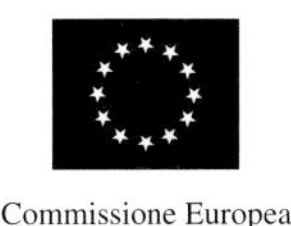

Commissione Europea

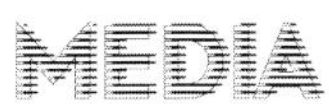

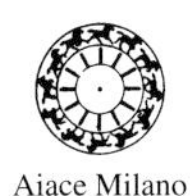

Aiace Milano

<table>
<tr><td>

Invideo
IX Edizione
Mostra Internazionale di Video d'Arte e Ricerca

</td><td>

Invideo è un progetto A.I.A.C.E. sostenuto dalla Regione Lombardia - Direzione Generale Cultura, dalla Provincia di Milano - Settore Cultura, dal Comune di Milano - Settore Cultura e Spettacolo, dalla Commissione Europea e dalla Triennale di Milano

realizzato in collaborazione con
Euphon, Milano

</td></tr>
</table>

Mostra

Direzione
Romano Fattorossi, Sandra Lischi, Felice Pesoli

Selezione opere
Chicca Bergonzi, Romano Fattorossi, Ludovica Fonda, Sandra Lischi, con la collaborazione di Simonetta Cargioli

Sezione Video d'Artista a cura del Centro di documentazione Care Of/Viafarini (Silvia Cini, Emanuela De Cecco, Mario Gorni, Felicita Platania)

Sezione Finestra sull'Europa a cura del
New Images European Network

Coordinamento
Romano Fattorossi

Coordinamento del progetto per la Regione Lombardia
Vittorio Bartoli, Eva Schwarzwald, Graziella Gattulli

Coordinamento del progetto per la Provincia di Milano
Massimo Cecconi, Aurelio Cittelli

Coordinamento del progetto per il Comune di Milano
Stefania Jahier, Pierfranco Bianchetti

Coordinamento del progetto per la Commissione Europea
Blanca Sanchez Velasco, Benoit Ginistry

Coordinamento del progetto per la Triennale di Milano
Marina Gerosa

Segreteria organizzativa
Ludovica Fonda con la collaborazione
di Alessandro Olivetti e Chicca Bergonzi

Ufficio Stampa
Laura Mazza, Patrizia Wachter per Sottocorno 17

Fotografie
Maurizio Pratesi

Progetto di allestimento
Luciano Gatti

Allestimento
Colombo L & C.

Assistenza tecnica
Antonio Cominati, Elvira Grosso, Giuseppe Mazzotta
Medialogo - Servizio Audiovisivi - Provincia di Milano

Si ringraziano:
Alessandro Amaducci
Sandra Angelini, Fabio Bruschi, Riccione TTV
Alberto Barbera
Robert Cahen
Leonardo Carrano
Anna Maria Cerrato
Stefano Della Casa, Torino Film Festival
Heure Exquise!
Bruno Di Marino
Rudolf Frieling, ZKM
Daniele Gaglianone
Paolo Giaccio, Rai Sat 1
Italo Moscati
Marco Müller, Festival internazionale del film Locarno
Claudio Orazi, Sferisterio di Macerata
Alessandro Rais, Ignazio Plaia, L'immagine Leggera, Palermo
Stephen Vitiello, EAI
Elisa Zurlo
Tiina Erkintalo, Risto Salmi, Av•Arki, Finland
Johannes Lenz-Hawlickzek
Suzanne Jaschko, Micky Kwella, Transmediale, Berlino
Alfred Rotert, EMAF, Osnabruck
Murielle Drouot, Nadia Lecoq, Bandits-Mages, Bourges

AIACE-INVIDEO
Via Piolti de' Bianchi, 19
20129 Milano
Tel: 02 76115394
Fax: 02 75280119
E mail: aiace@micronet.it

A un passo dal nuovo millennio, Invideo, giunta, sommando edizioni nazionali ed internazionali, alla IX edizione, è una delle più originali e prestigiose manifestazioni dedicate al video e ai new media in Italia. Nata nel '90 come progetto speciale della Regione Lombardia sostenuto dalla Provincia e dal Comune di Milano, ha ottenuto il riconoscimento della Commissione Europea e da quest'anno, ci auguriamo, anche del Dipartimento dello Spettacolo. L'idea di partenza è, come tutte le idee forti, semplice: le opere, presentate nel corso di quel grande evento spettacolare che è la Mostra Internazionale di Invideo, vengono via via acquisite in modo definitivo e confluiscono in un archivio pubblico che, anno dopo anno, continuamente aggiornato, si arricchisce di quanto di più interessante viene realizzato, in Italia e all'Estero, in questo settore.

Così, superata, grazie all'archivio, la logica dell'evento effimero retaggio di tempi ormai concettualmente lontanissimi, è possibile, pur con mezzi limitati, fornire un servizio permanente. La collezione di Invideo, oggi, ha un'utenza e una rilevanza nazionale e si configura sempre di più come un punto di riferimento imprescindibile per studiosi, studenti, semplici curiosi, ma anche organizzatori di rassegne e direttori di festival.

La logica conseguenza di tale impostazione è che Invideo non vive in funzione di un evento che dura una settimana all'anno ma sempre più si configura come struttura di attività permanente che organizza momenti di approfondimento su temi specifici, che dialoga con la parte alta della televisione -pubblica e privata-, che rappresenta la sponda italiana all'interno di un circuito europeo di manifestazioni tra loro coordinate, che promuove gli autori, che sperimenta nuove ipotesi di lavoro legate alle possibilità offerte dalle nuove tecnologie. In un momento di grande fermento e trasformazione come l'attuale, mentre numerosi progetti nella nostra regione stanno per prendere il via ed altri sono già in fase avanzata di realizzazione, Invideo, con la sua collezione, la Mostra Internazionale, le sue differenziate attività di approfondimento e promozione, costituisce un tassello essenziale per i futuri sviluppi nel campo dell'immagine in movimento. ∎

Marzio Tremaglia
Assessore alla Trasparenza e Cultura
Regione Lombardia

Daniela Benelli
Assessore alla Cultura
Provincia di Milano

Salvatore Carrubba
Assessore alla Cultura e Musei
Comune di Milano

***A**s we approach the new millennium, the ninth Invideo (counting both national and international editions) is already firmly established as one of the most original and prestigious events in Italy dedicated to video and new media. Invideo began life as a special project of the Region of Lombardy, with support from the Province and City Council of Milan. It has since been recognised by the European Commission and also from this year, we hope, by the Italian government's Entertainment Department.*

The basic idea was, like all good ideas, simple: the videos shown during the major artistic event of Invideo's international festival would progressively be acquired for the permanent collection, thus forming an archive, updated yearly, of the best in video production in and outside Italy.

The archive concept has enabled Invideo to go beyond the outdated modalities of the one-off event, and to provide a permanent cultural service despite the limited funds available.

The Invideo collection now enjoys an international reputation and user base, and is increasingly a vital source of reference for researchers, students, the general public and also for exhibition organisers and festival directors.

The logical consequence of this approach is that Invideo is not focused exclusively on the one week of the year when the festival takes place, but instead acts as a permanent structure which coordinates research efforts on specific themes, liaises with public service and commercial television at management level, provides the Italian link in the European circuit of video events, promotes videomakers and experiments with the organisational and creative possibilities opened up by new technologies.

We are living through a period of extraordinary, active change. Among the multiple initiatives which our region has undertaken or is introducing to respond to these challenges, Invideo - with its permanent collection, international festival and multi-faceted research and promotional activities - is set to play a pivotal role in future developments in the field of moving pictures. ∎

Marzio Tremaglia
Director of Outreach and Cultural Affairs
Region of Lombardy

Daniela Benelli
Director of Culture
Province of Milan

Salvatore Carrubba
Director of Culture and Museums
City of Milan

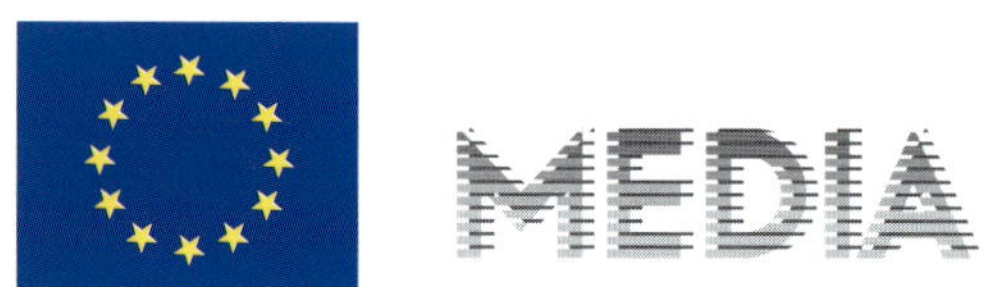

La commissione europea sostiene i festival audiovisivi

La Commissione Europea, come contributo allo sviluppo del cinema europeo, svolge un'azione di sostegno nei confronti dei festival che concorrono attivamente alla promozione di opere audiovisive europee e alla loro circolazione all'interno dell'Unione.

Una cinquantina di festival di tutti gli Stati Membri beneficiano di questo sostegno finanziario. Ogni anno, grazie alle attività di questi festival e al sostegno della Commissione, più di 7500 opere audiovisive, che illustrano la ricchezza e la diversità del cinema europeo, sono proiettate davanti un pubblico di due milioni di persone.

La Commissione promuove, inoltre, la cooperazione fra i festival e lo sviluppo di attività congiunte, quali la creazione di una collezione di copie o lo sviluppo di programmi riguardanti temi significativi, rinforzando in questo modo l'impatto di questi eventi, a vantaggio del cinema europeo. ■

Commissione europea
Direzione Generale X
Programma Media
200 rue de la loi, B-1049 Bruxelles, Belgio
Telefono: +32-2-2999123-2959530
Fax: +32-2-2999214

The European Commission supports audiovisual festivals

*T*he European Commission, a contributor to the development of European cinema, supports festivals which actively contribute to the promotion of European audiovisual works and their circulation within the Union.

Some fifty festivals throughout all the Member States benefit from this financial support. Every year, thanks to the activities of these festivals and to the Commission's support, more than 7,500 audiovisual works, illustrating the richness and diversity of European cinema are screened to a grand public of two million people.

The Commission endeavours, furthermore, to promote cooperation between festivals and the development of joint activities, such as the establishment of a print collection or the development of programmes concerned with significant themes, thus reinforcing the impact of these events to the advantage of the European cinema. ■

European Commission
Directorate General X
Media Programme
200 rue de la Loi, B-1049 Bruxelles, Belgium
Tel.: +32-2-2999123-2959530
Fax: +32-2-2999214

Sommario/*Table of Contents*

I nvideo continua il proprio percorso, con le sue rassegne ormai annuali a cui si affiancano eventi e incontri anche al di fuori delle sue date canoniche. Dall'anno scorso abbiamo abbandonato la formula un po' artificiosa, anche se motivata, dell'alternanza tra edizioni italiane ed edizioni internazionali; con questa duplice edizione recuperiamo entrambi, e questo diverrà un tratto distintivo della manifestazione. Mostra di acquisizioni, innanzitutto: basata quindi sulla costituzione, anno dopo anno, di un archivio della videocreazione mondiale aperto alla consultazione pubblica: esperienza unica in Italia, che vorremmo potenziare non solo (come già stiamo facendo) con l'acquisto di nuove opere, ma con un arricchimento del corpus dei video "classici", fonte di straordinaria curiosità e fresco interesse da parte dei più giovani, come constatiamo ogni anno nel mostrare le opere dei pionieri. E potenziare l'archivio significa anche porsi dal punto di vista della conservazione, del restauro, della classificazione: punti, questi, di grande attualità, cui il cinema sta ora rispondendo con azioni efficaci e che dovranno essere affrontati anche in ambito video, magari partendo dal coordinamento dei festival video europei di recente costituzione.

Il complesso lavoro di selezione delle opere si basa sulla diffusione internazionale di un bando, ma anche su una rete di contatti preziosi con case di produzione e di distribuzione, curatori di mostre e di gallerie, critici, osservatori, autori. E sulla frequentazione dei più diversi festival. Questo dialogo continuo ci obbliga, in un certo senso, a un confronto non solo con problemi estetici e di linguaggio (quelli che prevalgono al momento della selezione) ma anche con i dilemmi, i movimenti di idee, le discussioni, le esperienze operative e gli ostacoli di chi, a vario titolo, vuole promuovere e valorizzare la videocreazione. In parte, questi pensieri vengono espressi nel catalogo della manifestazione, specchio di tematiche che via via individuiamo, dalle modalità della fruizione a caratteristiche salienti della selezione. In parte, si esprimono negli eventi da cui la manifestazione è costellata nei suoi giorni di svolgimento, e che vanno da una perlustrazione dei luoghi del video in Europa alla proposta di spettacoli e incontri.

Ci rendiamo conto che siamo un tassello importante nella geografia mutevole ma testarda della produzione indipendente, e ci fa piacere la responsabilità di un confronto di idee con gli autori e con gli operatori del settore.

Così come ci auguriamo che possa continuare con profitto lo scambio di visioni e di opinioni con le emittenti televisive, inaugurato durante l'edizione 1998 e proseguito con le due giornate sull'arte in TV in dicembre: nel momento odierno di lenta ma ineluttabile metamorfosi della televisione, Invideo può diventare un punto di riferimento per una metamorfosi degna, appunto, di questo nome, un cambiamento che si lasci attraversare da sguardi visionari per pensieri finalmente differenti...

Quando abbiamo cominciato, nel 1990, stavano purtroppo spegnendosi per mancanza di ossigeno molte rassegne storiche dedicate (anche o solo) al video in Italia. Sembrava di lavorare in un deserto, di creare una piccola oasi per viaggiatori assetati. Oggi la situazione è assai più complessa: due o tre manifestazioni (nuove o antiche) con cui intratteniamo un rapporto costante e proficuo, e mille piccole attività, rassegne, iniziative che freneticamente nascono nelle grandi città come nei paesi più piccoli della penisola. Dovremmo essere contenti di questa improvvisa fioritura, e spesso lo siamo (ci riteniamo, forse un po' presuntuosamente, corresponsabili di questa estensione di conoscenza, di questa curiosità in crescita, e spesso la favoriamo, o vi siamo a vario titolo coinvolti); ma altrettanto spesso intravvediamo in queste iniziative un'ingordigia qualitativamente sospetta, un eccesso di improvvisazione, molta ignoranza storica e critica. Manca ancora una vera e propria cultura del video: quella per cui i lavori si noleggiano agli autori o ai distributori, la qualità della presentazione delle opere è rispettata, il materiale informativo è redatto con cura e amore, il pubblico è costruito e seguito con pazienza. E per cui le opere non sono un ammasso informe che strizza l'occhio alla moda (anche della "videoart") o alle ideologie mediatiche.

In questo senso, Invideo è cosciente della sua unicità e ci tiene a potenziarla, modellando la propria struttura anche in base alla responsabilità crescente nel panorama nazionale e internazionale. L'organizzazione, ma soprattutto il pensiero di una manifestazione di questo tipo dovranno in futuro fare i conti in maniera ancora più approfondita, inventiva e articolata con un paesaggio video diversificato e contraddittorio, con i profili del pubblico e della produzione audiovisiva, con processi di omologazione culturale che rendono sempre più necessaria la sfida di quanto è artisticamente complesso, importante, e diverso. ■

Romano Fattorossi
Sandra Lischi
Felice Pesoli

nvideo continues on its way: with a festival that has established itself as an annual event, plus other meetings and initiatives that take place both during and outside the festival calendar.

Confirming the decision taken last year, we have dropped the "alternating" format originally chosen for Invideo, whereby the festival switched annually between Italian and international video production. This year's event combines the best of both – a feature set to become the hallmark of the festival.

First and foremost, Invideo is a showcase for new acquisitions: the core concept is the building-up, year after year, of a public archive of video creation worldwide. The intention is not just to continue the work in progress of adding new videos to the archive – the only one of its kind in Italy – but also to expand our collection of "classic" videos. Every year brings fresh confirmation that the works of the video pioneers have lost nothing of their interest and attractiveness for the younger generation. Building up the archive involves us in other aspects, too: conservation, restoration, classification. Urgent tasks which the cinema is at last tackling effectively, but which video still has to come to terms with: the newly formed New Images European Network could play a key role here.

The complex process by which the videos are selected is based primarily on an international call for participants, but a vital part is also played by our network of contacts with producers and distributors, gallery and exhibition curators, critics, observers and videomakers. We travel to all kinds of festivals, too, engaging in an on-going cross-fertilisation of views and ideas, and in a way this forces us to take into account, when we choose a video, not just the naturally prevailing aesthetic and language criteria, but also the dilemmas, the movement of ideas, the debates, the working experience and problems posed by the wide range of people involved in promoting and enhancing video creation.

Part of this multiplicity of ideas comes across in the festival catalogue, reflecting the themes we concentrated on, from the viewing modalities for video to the selection criteria used. Another part finds its way into the constellation of events during the festival, which range from a virtual tour of Europe's video venues to a calendar of meetings and performances.

We are conscious of having acquired a significant place on the ever-changing but highly durable independent production scene. We are proud of the forum of ideas for videomakers and producers of one kind or another which the festival provides. We would be equally glad to see the exchange of views with Italian TV networks continue in the mutually profitable fashion established last year,

both during Invideo and at the subsequent two-day event on art on TV in December. Television today is changing, slowly but inexorably, and we would like Invideo to be a benchmark for a metamorphosis worthy of the name – one shot through with a visionary gaze, with the quality of genuinely original thought…

Back in 1990 when we first began, many of the historic events dedicated wholly or in part to video in Italy were faltering on the brink of closure. It was like starting out to cross a desert, hoping to provide an oasis for "thirsty" viewers. Today the situation is much more complex: two or three events (old and new) with which we form a constant and profitable partnership, plus a thousand-and-one micro-events, festivals, initiatives, springing up all over Italy in towns and cities large and small. We should be glad of the boom, as indeed we often are (I don't think it's too much to say that some of the credit for the growth in awareness and interest is due to us, one way or another); on the other hand, we cannot but note that sometimes there is a drop in quality lurking beneath the glut – some of the events are that little bit too improvisational, conveying the impression there's not quite enough historical or critical acumen to go round. Which is one way of saying that a genuine video culture has yet to establish itself: the kind of culture with tape rental direct from videomakers or distributors, state-of-the-art copy quality, attractive and accurate presentation material, and a viewing public patiently built (and followed) up. A culture in which the videos are not just a confused mass of slaves to fashion ("video art", to name but one), or to media ideologies.

Invideo is fully aware of its unique quality in this sense and fully intends to consolidate its qualitative edge, shaping its structure to be worthy of its growing responsibilities on the national and international video scene. In the future, the organisation and above all the rationale of a festival of this kind will have to come up with an ever more carefully thought out, inventive and flexible approach to a diversified and contradictory video landscape, given that current audience profiles, audiovisual product and processes of cultural homogenisation make more vital than ever the challenge of the artistically complex, significant, different. ■

Romano Fattorossi
Sandra Lischi
Felice Pesoli

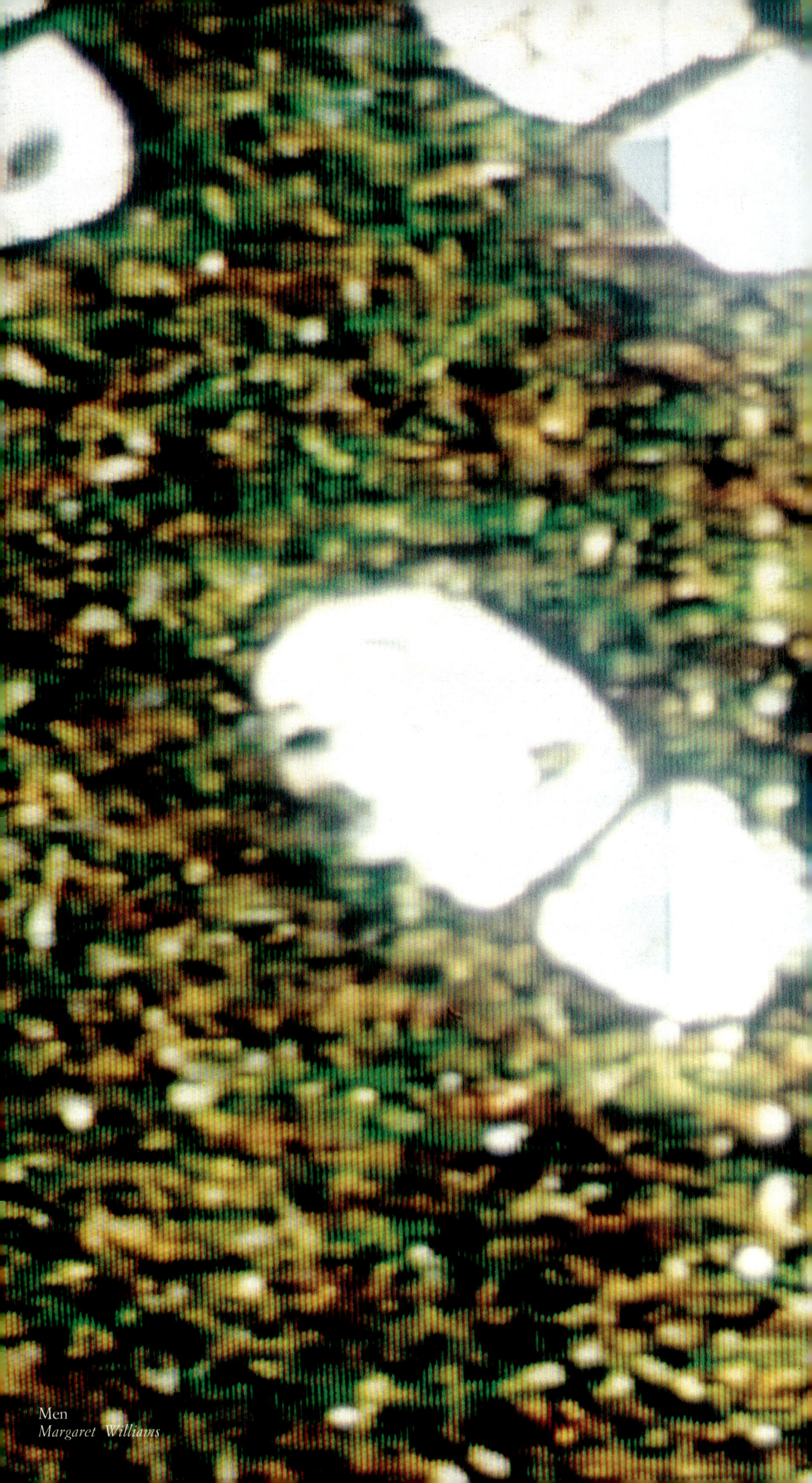

Men
Margaret Williams

Autori e opere

Directors and Works

Puntini puntini...
Riflessioni sulla selezione '99

Sandra Lischi

Cosa sta cercando di dirci la creazione video internazionale? Ce lo siamo chiesti talvolta, sommersi dal disordine non sempre allegro delle centinaia di cassette da visionare, dalle pagine di materiali da rielaborare; oppure in giro per il mondo nelle sale dei festival e delle tante rassegne, fra una scoperta e una delusione. Forse sarebbe più giusta la domanda "cosa cerchiamo, noi, nella creazione video internazionale?" Quali combinazioni di immagini e suoni ci catturano, ci impediscono di premere il tasto del fast forward sul telecomando, ci costringono, in un certo senso, a una visione attenta e partecipe? La risposta, in parte, la dà questa nostra selezione. Le opere che, fra tutte quelle visionate quest'anno, ci sono sembrate le migliori, presentano alcuni elementi di novità rispetto al passato. O meglio: slittamenti talvolta impercettibili di zona e di sguardo, che corrispondono al crescere o al diminuire di attenzione e di sensibilità verso temi e stili, o verso le altre arti, o verso gli altri media. Il teatro, la letteratura, la poesia, sembrano guadagnare spazio e respiro, come se forme di arte "alta", anche classica, risplendessero di una luce (elettronica) nuova. Sembra finalmente chiusa la stagione delle infinite infatuazioni e imitazioni dei (già stanchi) blob e clip televisivi, o il saccheggio impropriamente "critico" - in realtà subalterno- dei programmi TV. Sembra anche usurato il riciclaggio cinematografico sulla scia dell'ormai classica opera di Alberto Grifi *La verifica incerta*, o come amorevole furto di scene o spunti. Gli unici esempi di rilettura del cinema all'interno di questa selezione sono anomali: l'immersione nei titoli di coda operata da Suermondt, l'operazione laser-scratch di Ortiz; e il cinema utilizzato solo (e qui molto bene) come tessuto di base, riferimento o corollario delle storie private e delle memorie, anche collettive. Come ricordo, eco e specchio dell'oggi, nel confronto fotografia-cinema-video del lavoro di Cahen sui cinquant'anni di musica concreta. O, ancora, riscoperto come fratello del video nelle basse definizioni, nelle pittoricità e nelle sgranature del super 8. È interessante e talvolta paradossale come, anche nei video non narrativi, l'immagine di cinema (anche la più "documentaria") assuma immediatamente un'aura di finzione, di décor teatrale, di racconto in soggettiva. La pittoricità: la vera "scoperta" delle nostre ricerche e delle nostre audiovisioni di quest'anno. A parte i riferimenti diretti al disegno e alla pittura (nel lavoro già classico di Whitney-Pedretti e nell'ultimo di Boustani), abbiamo trovato "affreschi elettronici" di grande spessore, come quelli di Bernard Bats e di Olga Samolevska. Affreschi, pitture elettroniche a strati di cui vengono mostrate le fasi, in un palinsesto tracciato e cancellato incessantemente. Ma sono pittorici, anche se in modo meno dichiarato, la Bulgaria di Valérie Pavia, le immagini di Gianni Toti, quelle di Mounir Fatmi, i paesaggi quasi astratti di Veit-Lup e di Seoungho-Cho, le apparizioni incerte del videopoemetto di Eder Santos... Alcuni di questi lavori pongono, esplicitamente o meno, il problema di modalità di visione riconducibili proprio alla pittura: schermi ultrapiatti, da appendere al muro, visioni concentrate e continue -come di chi abbia un quadro importante in casa- o di passaggio, come visitando un museo.

Le animazioni, i ritratti, i paesaggi, la danza, il viaggio, sono "generi" ormai affermati, e di cui (senza esserci posti il problema della rappresentatività esaustiva di queste tipologie, né quello del "genere" in quanto tale) presentiamo gli esempi più nuovi o quelli più interessanti. I confini sono assai sfumati, e il gioco degli incroci è inevitabile: un paesaggio o una poesia che diventano pittura, il ritratto di un fiume che sconfina in un saggetto di geopolitica, un'elegante animazione che dà corpo a una piccola riflessione sociale o antropologica (Dafni e Papadatos, Ortiz). E la politica, o comunque uno sguardo vigile sul mondo, filtrato o meno da una memoria personale (autobiografica, come in Eshetu, o di un lontano cineamatore, come in Forgács). La necessità di costruire un pensiero altro -e alto- rispetto al non pensiero dell'uniformazione e della menzogna planetaria. Una necessità molto sveglia non solo nei lavori più complessi e più apertamente e artisticamente antagonisti (come gli straordinari capovolgimenti di punto di vista fra conquistati e conquistatori nell'ultimo video di Gianni Toti). Ne troviamo tracce nel lavoro di Giuseppe Baresi su/con Marco Paolini; nelle già citate "geografie della memoria"; nei laboratori teatrali coi detenuti (Sambin) e coi bambini di strada (Bruyère); nei ritratti; nelle inchieste su Che Guevara alla periferia di Roma, dei Fluid Video Crew; nelle riflessioni sull'identità e sull'emigrazione, in Dave Ryan e Lorenzo Taiuti; nella denuncia dell'embargo USA all'Iraq del video di Mounir Fatmi. Ma l'urgenza di uno sguardo non impolitico serpeggia, "astuta come una colomba" direbbe Fortini, in tanti altri lavori in cui l'estraneità all'ordine (al disordine) mondiale odierno passa per la necessità della poesia (Leopardi, Baudelaire...), per la diversità resa visibile, per l'immaginazione riattivata. Ed è già espressa dall'esistenza stessa della creazione artistica - anche in video- come atto di resistenza, stato di veglia.

Anche la lettura attenta dei materiali scritti dagli autori, in preparazione o a commento delle opere, o in risposta alle nostre sollecitazioni, è di grande interesse. Dimostra un pensiero meno sbrigativo che in passato, una ricerca più meditata di fonti, riferimenti artistici, o sociali. Forse una maggior consapevolezza del linguaggio che si usa. O forse siamo noi che cerchiamo questi fili rossi, li proponiamo o magari, anno dopo anno, in un confronto sollecito ma esigente con gli autori, li stimoliamo. A questo proposito è bene dire che la nostra selezione, per quanto accurata e ampia, è testardamente parziale. Non solo ne è esclusa da sempre la fiction, che già gode di eccessiva popolarità nei media (il che non ci esime da una riflessione sulla "narratività", come alcune opere della nostra selezione mostrano, dai lavori di Studio Azzurro a quello di Sokurov) ma ne restano al margine generi che stanno riacquistando un certo fascino presso il pubblico dei festival, come la videoperformance. Sono rivisitazioni (vent'anni o trent'anni dopo) delle performance dei pionieri del video, di artisti come William Wegman e Marina Abramovic. Ma, ci pare, ormai prive di forza polemica e totalmente incuranti del mezzo e del linguaggio video, usato poveramente (in tutti i sensi). Abbiamo scelto comunque un esempio maturo e meditato di performance, quella di Alix Pearlstein, che si propone come riflessione critica attraverso una messa in scena accurata di situazioni (in)comunicazionali.

Del resto, la nostra selezione non si addentra eccessivamente in campi già molto coltivati da rassegne specializzate (in teatro, danza, computer grafica, documentazione sociale...) pur se propone alcuni video provenienti da questi territori. Ed è comunque affiancata da una panoramica da vari festival europei e da un corpus di incontri ed eventi che arricchiscono il nucleo delle opere acquisite con una verifica e una conoscenza di operazioni artistiche diverse e attuali. Il nostro criterio di scelta rimane comunque non la rappresentazione esaustiva di tutte le tendenze in atto nella produzione video, ma l'individuazione di opere in cui la riflessione sul linguaggio elettronico va di pari passo e si intreccia con l'elaborazione di un "pensiero" o di un "discorso". Opere compiute, complesse, bellissime accanto a guizzi di ingegno creativo, ad abbozzi molto fecondi di un discorso, a proposte non narrative di storie, a esperimenti di linguaggio che saranno forse, domani, le strutture di un lavoro più articolato. Come i "puntini puntini..." di un discorso sospeso che continua, anno dopo anno. ∎

Dot dot dot...
Some thoughts on the 1999 selection

Sandra Lischi

What is international videomaking trying to tell us? This was a question which did occasionally cross our minds as we struggled with the sometimes less than orderly pile of hundreds of cassettes to be watched, and with the reams of reviews and documentation to be read and processed. The same question cropped up during the many trips made around the world from one festival or exhibition to another, coming up with a discovery here, a disappointment there. Perhaps a better question would be "What are we looking for in international videomaking?". What are the combinations of sounds and pictures which grip us, make us forget the Fast Forward on the remote control and force us, in a way, into careful and involved viewing? The answer to the question, at least in part, can be found in our selection.

The videos which we found to be the best of all those seen this time round have several new characteristics compared to those of previous years. Or rather, they have shifted slightly, sometimes almost imperceptibly, in terms of area and approach, in accordance with the growing or falling level of responsiveness to certain styles and subjects, to other arts or other media. Theatre, literature, poetry seem to be gaining more "breathing space", as if the "higher", even classical art forms are beginning to shine in a new (electronic) light. The period of endless fascination with and imitation of worn-out formulae such as TV clip sequences seems finally to have drawn to a close, as does that of the constant pilfering from TV programmes, self-styled "critical re-readings" that were often merely derivative. Another tendency which is apparently going out of fashion is the recycling of cinema material (modelled on Alberto Grifi's modern classic La verifica incerta, or based on the loving theft of scenes and ideas). The only re-interpretations of cinema contained in the selection are highly unusual: Suermondt's immersion into end credits, and Ortiz' laser-scratch approach; plus the cinema is used (well and cleverly in our instances) as a kind of primed canvas, a referential or corollary framework of private stories and memories, and collective ones, too. Cinema as memory, echo and mirror of today, in Cahen's photography-cinema-video piece on fifty years of concrete music. Or cinema rediscovered as a low-definition relative of video, in the painterly graininess of super 8. It's interesting, sometimes paradoxical, how even in non-narrative videos the cinema image, even of the most "documentary" kind, immediately takes on an aura of fiction, of scenic decor, of subjectivity.

Pictorial values: these represent the real "discovery" of our audiovisual research this year. Apart from the direct references to drawing and painting (in the latest video by Boustani and the now classic work of Whitney-Pedretti), we have found fine "electronic frescoes" such as those of Bernard Bats and Olga Samolevska. Frescoes, layered electronic paintings which are broken down before our eyes, revealing a kind of palimpsest that is constantly erased and re-drawn. But pictorial values may also be found, albeit less clearly stated, in the Bulgaria seen by Valérie Pavia, in the images of Gianni Toti and those of Veit-Lup and Seoungho Cho, the uncertain apparitions of the video-poem by Eder Santos...

Some of these works deal, more or less explicitly, with the problem of types and modalities of vision which can be referred to painting: ultra-flat screens which can be hung on the wall to give concentrated and continuous visions - like introducing an important painting to one's home - or fleeting views, as when one sees a picture in an art gallery. Animation, portraits, landscapes, dance, travel: all of these are established "genres", and we give the newest or most interesting examples of them, without having worried over much about exhaustive representation, or about the problem of the "genre" as such. The confines are rather blurred and cross-overs inevitably occur: a landscape or a poem can become paintings, a portrait of a river can verge on the geopolitical essay, elegant animation can give rise to social or anthropological reflections (Dafni and Papadatos, Ortiz).

And politics, too, or at least an attentive, concerned world view, sometimes filtered through personal recollection (autobiography, as in Eshetu, or the work of a long gone amateur cameraman, as in Forgács). The need to construct a different - and a higher - process of thought as compared to the *non-thought and homegenized deceit of planetary information sources: a need clearly felt by many, not just in the complex and more patently antagonistic art of such as Gianni Toti, exemplified in his latest video, with its extraordinary inversion of the points of view of the conquered and the conquerors. We also find traces in the video by Giuseppe Baresi, on and with Marco Paolini; in the "geographies of memory"; in the theatre workshops held in a prison by Sambin, and those held on the streets of Dakar by Bruyère; in the portraits; in Fluid Crew's enquiry into how Che Guevara lives on in a Rome suburb; in Dave Ryan's and Lorenzo Taiuti's separate reflections on identity and emigration; in Mounir Fatmi's video denunciation of the U.S.-led embargo against Iraq.*

But the urgency of a vision which is more than apolitical also maintains a discreet presence ("astute as a dove", in Fortini's words) in many other videos in which the sense of remoteness from today's New World (dis)Order is expressed in the need for poetry (Leopardi, Baudelaire...), for diversity made visible, for imagination re-activated. Such needs have already found expression in the very fact of artistic creation - including videomaking - as an act of resistance, a state of alert.

A careful reading of the videomakers' own commentaries on their work, written either as preparatory or critical material, or in response to our promptings, reveals all kinds of interesting points. What emerges is a line of argument that is far less superficial than before, with sources, artistic and social references that are more carefully chosen. Perhaps, too, with a greater awareness of the language being used. It is also possible, of course, that it is only we who find these threads of connection, identifying or studying them in the ongoing and demanding confrontation with the videomakers which we carry on year after year.

On this subject, it is worth mentioning that our selection, while broad and focused, is also stubbornly partial. Not only has fiction been excluded from the start, since it already has excessive media coverage (which doesn't prevent us from including one or two reflections on "narrative form", like the videos by Studio Azzurro and Sokurov in the selection), but other genres which are enjoying a degree of popularity with festival audiences, such as video performance, have also remained decidedly marginal. These are revisitations (twenty or thirty years on) of the performances of video pioneers, by artists such as William Wegman and Marina Abramovic.

We feel, however, that performance has for the most part been drained of its polemical force and tends utterly to ignore the medium and language of video, whose use is "poor" in every sense of the word. The performance which we did decide to include, by Alix Pearlstein, is a mature and well thought-out piece of work in which the artist puts herself forward for critical assessment, through the telling enactment of situations involving (non-)communication. Another reason behind our reluctance to become excessively involved with theatre, dance, computer graphics and social documentation (although we do feature videos coming from those areas) is that they already receive ample coverage from specialised festivals. Our selection is anyway enriched by an overview of goings on at other European festivals, plus a series of meetings and events which give the core of videos acquired for our collection the added lustre of critical evaluation in the context of topical and historical trends in art.

At all events, our selection criteria continue not to be based on the exhaustive representation of all current trends in video production, but instead on choosing works in which the considerations of the use of electronic language go hand in hand and interact with the development of a "thought" or "message". Videos which are finished, complex, beautiful are screened alongside those which are glimpses of creative commitment, fertile sketches of a message, non-narrative offerings of stories, experiments with language which perhaps will provide the basis for more structured works in the future. ■

GIUSEPPE BARESI·MARCO PAOLINI

Questo radichio non si toca - Diario di un'estate

Italia/Italy: 1998, 95'

Soggetto, realizzazione/ Idea and direction by: Giuseppe Baresi, Marco Paolini

Riprese/Photography: Giuseppe Baresi

Ass. operatore e suono/Assistant Director and sound: Simone De Rosa

Montaggio/Editing: Giuseppe Baresi, Laura Madona

Musiche/Music: Mistral e Saverio Tasca

Testi e brani da /Texts and extracts from: Il Milione-Quaderno Veneziano e L'Orto di Marco Paolini

Responsabile di produzione/ Production manager: Cristina Palumbo

Produzione/Production: Marco Paolini - Moby Dick Teatri della Riviera; Giuseppe Baresi-Stilo

Giuseppe Baresi (Milano, 1960), di formazione artistica, lavora dal 1982 come regista e direttore della fotografia. I suoi film e video, spesso al confine fra documentario e videoarte, trattano poeticamente i temi dello spazio e del viaggio. Ha collaborato dal 1982 al 1986 con Studio Azzurro. Dal 1985 inizia ad alternare l'attività di direttore della fotografia a quella di filmmaker. Con i suoi film di ricerca e i suoi documentari ottiene vari premi. Nel 1989 costituisce, con Matilde Ippolito, la società di produzione Stilo. Fra gli ultimi lavori *La febbre*, con Giuseppe Cederna, *Nothing is real*, con Bruno Bigoni e *Victor*, con Franco Maurina. Vive a Milano.

Marco Paolini (Belluno, 1956) è attore, autore e regista. Le sue prime attività sono legate al teatro politico, ai gruppi di base e al terzo teatro. Passa poi dall'attività di attore di compagnia a quella di solista, e nel 1990 inizia la collaborazione con "Moby Dick-Teatri della Riviera", a Mira, vicino a Venezia. Questo territorio, le sue storie, le sue trasformazioni, diventano il tema centrale degli spettacoli di Paolini. Il grande pubblico ha cominciato a conoscerlo con *Il racconto del Vajont* (di straordinario successo la diretta TV il 9 ottobre 1997), premiatissimo. Poi *Il Milione, Bestiario Veneto, L'Orto*. Paolini ha anche recitato in alcuni film di Moretti, Mazzacurati e Luchetti.

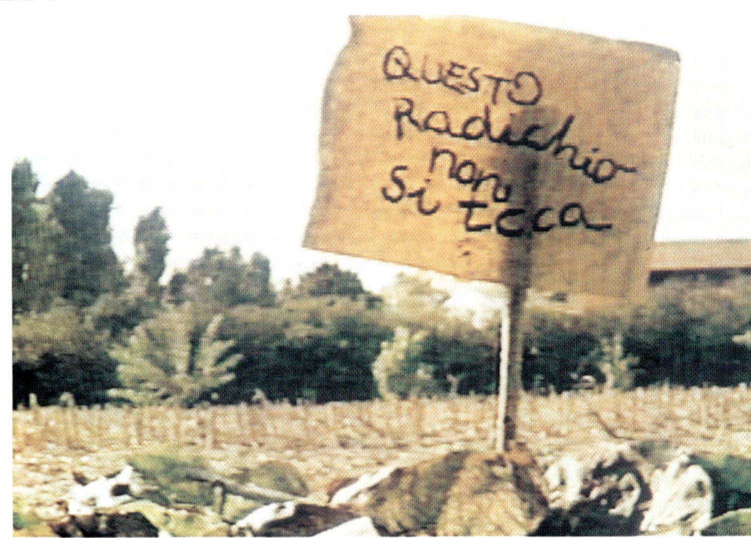

Diario dell'estate 1998: Marco Paolini prova, e poi mette in scena, i suoi spettacoli *Il Milione*, ispirato a Marco Polo, e *L'Orto*, ispirato ai testi di Luigi Meneghello. I luoghi aperti delle prove, in campagna; la febbrile preparazione; le preoccupazioni; il rapporto con gli attori, con i musicisti, col pubblico, con la critica; gli spettacoli infine... Marco Paolini si racconta alla telecamera e alla cinepresa di Giuseppe Baresi; e Giuseppe Baresi nel frattempo ci racconta con immagini di grande intensità il Veneto odiatamato delle storie di Paolini, i turisti, i paesaggi che cambiano, le fabbriche, la Venezia vera e falsa, il caldo torrido, la meravigliosa febbre del teatro, delle parole, della poesia...

"...Abbiamo girato molto (oltre trenta ore) e ho usato di tutto, film, video, registrazioni sonore. È difficile stare ai ritmi di lavoro di Marco, non esistono momenti veri e propri di prova, di verifica, non sono separati da orari troppo definiti, alcune idee vengono in cucina, in auto. Bisognava ascoltarlo e poi, vedendo quello che accadeva in questi mesi di lavoro mi sono venute altre idee. Ho ripercorso, per esempio, a Venezia, lo stesso metodo che Marco ha usato per costruire una parte de *Il Milione-Quaderno veneziano*. Sono stato nei luoghi di cui parla a proposito dei turisti, sono stato con lo stesso conducente di 'mototopo' e ho filmato con molta apertura verso quello che vedevo (...) Mi piace il titolo del nostro lavoro, ci è stato regalato da un orto vero, dove si sono fatte alcune prove. È uno slogan politico per questi anni. Per il montaggio, di solito, traccio una linea ... e inizio a dividerla per segmenti cercando di non perdere la visione dell'insieme, deve essere una bella linea, anche graficamente. Questa volta era veramente fitta..." (Giuseppe Baresi, testo inedito, novembre 1998)

"...Quello che volevo raccontare è anche l'idea di un teatro fondato sul raccogliere, costruire, rendere visibili le storie, le mappe, le geografie che meglio ricostruiscono quello che sta fuori dalle finestre del teatro. I luoghi, le facce e la lingua di questo film sono stati raccolti e filtrati dal teatro (...) Non sono un maestro e non ho allievi, ma mi piacerebbe che il teatro che faccio non fosse un caso isolato, questo film serve anche a mostrare uno dei teatri possibili oggi, quello che, in ogni caso, mi interessa continuare a fare... A proposito come si chiama questo: diario, film, documentario o cosa?" (Marco Paolini)

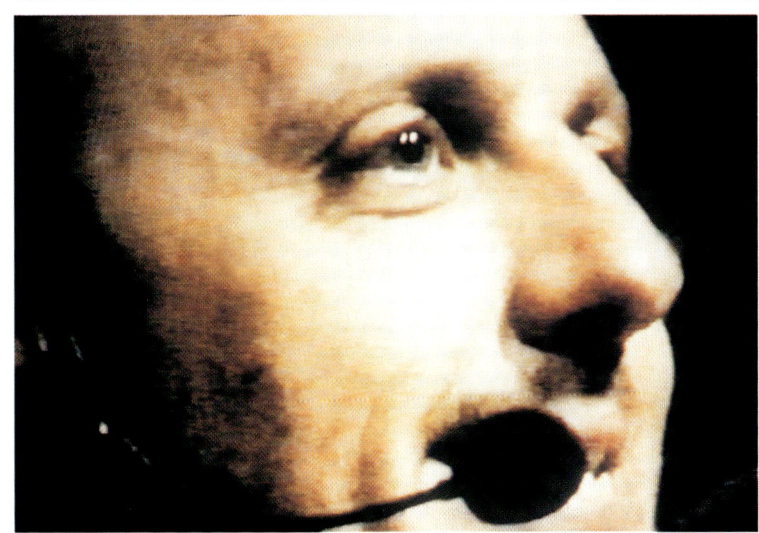

Giuseppe Baresi *was born in 1960 in Milan, where he still lives today. He first trained as an artist, though he has worked as a director and principal photographer since 1982. His films and videos, often hovering between video art and documentary, take a poetic approach to subjects of travel and space. From 1982 to 1986 he worked with Studio Azzurro. From 1985 he began to alternate work as a director of photography with filmmaking. His filmic research and documentaries have been awarded a number of prizes. In 1989 he set up the production company Stilo in company with Matilde Ippolito. Recent work includes* La febbre, *with Giuseppe Cederna,* Nothing Is Real *with Bruno Bigoni and* Victor *with Franco Maurina.*

Marco Paolini, b*orn in Belluno in 1956, is an actor, author and director. He began his career in political theatre, with the so-called base groups and third theatre. He went on to act with theatre companies and then in one-man shows, and in 1990 began a partnership with Moby Dick – Teatri della Riviera, based in Mira not far from Venice. The history and the social and geographical transformations of the Venetian region became the core of his theatre, typified by* Il racconto del Vajont, *which told the story of a disastrous hydroelectric scheme.* Vajont *brought both critical and public success, culminating in the extraordinary ratings achieved by a live TV performance on 9 October 1997. Since then he has produced* Il Milione, Bestiario Veneto *and* L'Orto. *He has also acted in films by Moretti, Mazzacurati and Luchetti.*

Di Giuseppe Baresi nell'archivio Invideo: *Algeria - Yemen - Appunti di viaggio...;* La febbre (con Giuseppe Cederna); *Nothing is real - Appunti sul Nirvana* (con Bruno Bigoni); *Victor* (con Franco Maurina)

A diary from summer 1998: Marco Paolini rehearses and then acts in his pieces Il Milione, inspired by Marco Polo, and L'Orto, based on texts by Luigi Meneghello. Rehearsals in the open countryside, feverish preparations, pre-performance worries, the relationship with actors, musicians, the audience and the critics; at last the performances themselves… Marco Paolini tells his story, captured on film or tape by Giuseppe Baresi; meanwhile Baresi himself gives us his own, highly charged picture of the loved-and-hated Veneto of Paolini's tales, the tourists, the changing landscapes, the factories, the real and the fake Venice, the stifling heat, the wonderful fever of theatre, of words, of poetry…

"…We shot an awful lot of material (more than 30 hours worth) and I used everything I could, both film and video, plus sound recordings. It's hard to keep up with Marco's pace of work, there are no real rehearsals or trial runs as such - things are not set out in a timetable, ideas can come to him in the kitchen or in the car. What I had to do was listen to him, and then seeing what happened in those months of work gave me other ideas. In Venice, for instance, I followed the same method that Marco used to build up a part of Il Milione – Quaderno veneziano. I went to the places he talks about with regard to tourists, I went to the same mototopo driver, and I kept an open mind about what I was seeing as I filmed. (…) I like the title of our work, which means something like "This lettuce is not to be touched!" - it was given to us by a real vegetable patch where some of the rehearsals were held. It's a political slogan for these years. For editing, usually, I mark out a line… and start to divide it into segments without losing my vision of the whole, it has to be a beautiful line graphically speaking, too. This time it was decidedly thick…" (Giuseppe Baresi, in an unpublished text dated November 1998)

"…I also wanted to tell the idea of a theatre based on collecting, building, making visible the stories, the maps, the geographies that can best reconstruct what's outside the theatre windows. The places, the faces and the language of this film were collected and filtered by the theatre (…) I'm not a teacher and I don't have any pupils, but I would like for the theatre that I do not to be isolated, one of the purposes of this film is to show one of the ways of doing theatre today, the one which I'm interested in going on doing, in any case… By the way, what do you call this: a diary, a film, a documentary or what?" (Marco Paolini)

BERNARD BATS

Fleur de Toro

Francia/France, 1997, 52'

Realizzazione/Directed by: Bernard Bats

**Compositore suono e missaggio/
Sound composer and mixer:**
Philippe Samartzis

**Collaborazione artistica/
Artistic collaborator:** Béatrice de Fays

Grafica/Graphic design: Valéry Pechier

Montaggio ed effetti/Editing and effects:
Bernard Bats

Produzione/Production:
Cut & Paste Creative

Produttore/Producer: Bernard Bats

Coproduzione/Co-production:
CICV-Centre de Recherche Pierre Schaeffer;
Béatrice de Fays, Philippe Samartzis

Bernard Bats (Bordeaux, Francia, 1957)
ha una formazione di pittore e fotografo.
La pratica dell'immagine sotto tutte le
sue forme e la padronanza degli
strumenti che la generano l'hanno
condotto in vent'anni di esperienza
professionale a alternare le attività di
autore con quelle di montatore
specializzato in elaborazione delle
immagini (ha lavorato, fra gli altri, con
Robert Cahen e Gianni Toti): "la sala di
montaggio è un luogo privilegiato,
incrocio di strade fra arte e tecnologia.
La tecnologia è un alibi alla mia ricerca,
per trovare nuovi legami possibili, nuovi
territori della rappresentazione,
visualizzazioni dell'ignoto". Ha inventato
un procedimento visivo originale, legato
alle nuove tecnologie: la "pittura con il
pixel". Collabora regolarmente con
Accademie di Belle Arti, con varie
istituzioni culturali, con il Centro di
Montbéliard. Fra i suoi lavori d'autore,
molti sono ispirati alla danza e alla
pittura. Sta preparando, con il
compositore Samartzis, *Coeur de France*.
Vive a Meudon.

L'opera è definita dall'autore "affresco video-sonoro" e costruisce la base, il fondale, quasi, per una successiva articolazione narrativa. È costruita attraverso una trama in costante, lenta metamorfosi ed evoluzione. Le forme vi si disegnano, vibranti, come luminose pitture in movimento. Emergono contorni, un volto, e l'immaterialità dell'immagine elettronica diventa materia pittorica che lascia affiorare accenni di ricordi, evocazioni, frammenti di immagini e suoni precari, fragili, labili, in equilibrio fra il noto e l'ignoto, la realtà (trasfigurata) e l'astrazione.

"La progressione, poi la metamorfosi di una bambina che diventa donna... per raccontare le gioie e gli incubi di tutte le ragazzine che annegano nell'incomprensione di un mondo troppo spesso assente (...) *Fleur de Toro* è il compimento della ricerca sul legame che si stabilisce fra temporalità e sostanza. Tentativo di equilibrio fragile, instabile, di un 'tempo fermato' e della materializzazione effimera di un'energia su supporto catodico (...) Si interroga sulla questione dei rapporti fra la narrazione di fiction, l'emozione luminosa e la coloritura musicale in un processo temporale..."
(Bernard Bats)

"L'effetto è quello di una serie di transizioni determinate dal variare delle sfumature di definizione e di movimento, dove il percettibile e l'impercettibile convergono nel creare una zona non specifica di esperienza che fa sconfinare la realtà nel sogno, il movimento nell'immobilità, il colore nell'ombra. Il lavoro è sottilissimo, quasi fragile nella sua attentissima esplorazione di tempo, spazio, colore, luce e movimento... l'esperienza è altamente meditativa e seduttiva, interroga le dinamiche della percezione e la rappresentazione dello spazio (...) Nel lavoro di Bats siamo chiaramente collocati nell'ombra del sole. Nello spazio fra il 'da qualche parte' e il 'da nessuna parte'. Niente è stabilito nettamente e niente è chiaramente compreso, dato che le immagini sono basate su uno scambio aperto con lo spettatore." (Philippe Samartzis)

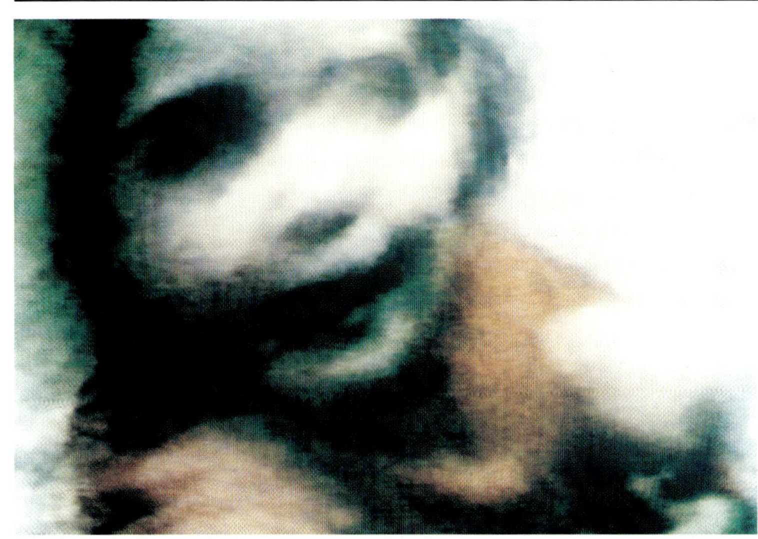

Bernard Bats, *was born in Bordeaux, France, in 1957 and lives in Meudon. He initially trained as a painter and photographer, but his familiarity with images in all their forms and his skill in using image-generating equipment have led him, over the twenty years of his professional career, to act alternately as director and editor specialised in imaging techniques (in which guise he has worked for such artists as Robert Cahen and Gianni Toti). As he himself puts it, "the cutting room is a privileged space, where art and technology meet. Technology is an alibi for my research, a way of finding possible new links, new territories of representation and visualisations of the unknown". Bats has invented an original visual procedure, rooted in the new technologies, called "pixel painting". He is a regular collaborator with the Académie des Beaux Arts and other cultural instituions, such as the Montbéliard Centre. His directing output has featured many works inspired by dance or painting. He is currently working on* Coeur de France *with the composer Philippe Samartzis.*

B ats calls this work an "audio-video fresco"; it provides the base – the backdrop, as it were – for subsequent narrative development. It is constructed on a plot in slow but constant metamorphosis and evolution. Forms are drawn in it as vibrant, luminous moving paintings. Outlines emerge, a face, and the immateriality of the electronic image becomes pictorial material which allows hints of memories, evocations, fragments of images and precarious sounds to surface, fragile, delicate, balanced between the known and the unknown, (transfigured) reality and abstraction.

"The progression, then the metamorphosis of a girl who becomes a woman... to tell the joys and the nightmares of all the young girls who are drowning in the incomprehension of a world which all too often is absent (...) Fleur de Toro is the fulfilment of a search for the link which is established between temporality and substance. An attempt at fragile, unstable balance, at "time stopped still" and the ephemeral materialisation of energy on a cathode ray support (...) It calls into question the relations between narration and fiction, luminous emotion and musical coloratura in a temporal process..." (Bernard Bats)

"The effect is one of a series of transitions determined by varying shades of definition and movement, where the perceptible and the imperceptible converge to create a non-specific zone of experience which borders reality with dream, movement with stillness, colour with shadow. The work is very subtle, almost fragile in its very considered exploration of time, space, colour, light and movement... the experience is a highly meditative and seductive one which questions the dynamics of perception and the representation of space (...) In Bats' world we are clearly placed in the shadow of the sun. In the space between somewhere and nowhere. Nothing is clearly stated and nothing is clearly comprehended as the images are based on an open exchange with the viewer." (Philippe Samartzis)

CHRISTIAN BOUSTANI
A viagem

Portogallo/Portugal, 1998, 10'

Realizzazione/Directed by:
Christian Boustani

Immagini/Imaging: Alain Escalle

Computer graphics: Trix

Fotografia/Photography:
Emmanuel Soyer

Musica/Music: Manuel Faria

Montaggio/Editing: Frank Magnant

Produzione/Production:
D&D Audiovisuais, Lisbona

Christian Boustani (Beirut, Libano, 1959) è uno degli artisti più sensibili al rapporto fra il video e la pittura, tema su cui lavora costantemente dal 1986. Si è imposto sulla scena della videocreazione internazionale con *Sienne* (1992) che fa parte della serie delle "città anteriori" e a cui è seguito, nel 1995, il ritratto di *Brugge*. Qui il presente delle città si intesse strettamente con un passato fatto di riferimenti pittorici. La trilogia dovrà concludersi con un ritratto video di Toledo. Boustani collabora a molte produzioni sperimentali sia come tecnico del suono che come assistente alla regia e montatore. Insegna all'Università di Paris I, è fra i fondatori della società di produzione "Grand Canal" e vive a Parigi. I suoi video sono presentati e premiati in tutto il mondo.

Christian Boustani *was born in Beirut in the Lebanon in 1959. He is one of the videomakers who has proved most sensitive to the links between video and painting, a subject he has explored constantly since 1986. He first established his reputation on the international video-creation scene with* Siena *(1992), part of a series of "anterior cities" which was followed in 1995 by his portrait of* Bruges, *which interwove the contemporary city in a close mesh with references from the pictorial past. The third instalment in the trilogy is set to be a video portrait of Toledo. Boustani has worked on many experimental productions, both as a sound technician and as director's assistant or editor. He was a co-founder of the Grand Canal production company, lectures at the Paris I University, and also lives in the French capital. His videos have been presented and won awards all over the world.*

Di Christian Boustani nell'archivio Invideo: *Cités Antérieures - Sienne; Cités Antérieures - Brugge*

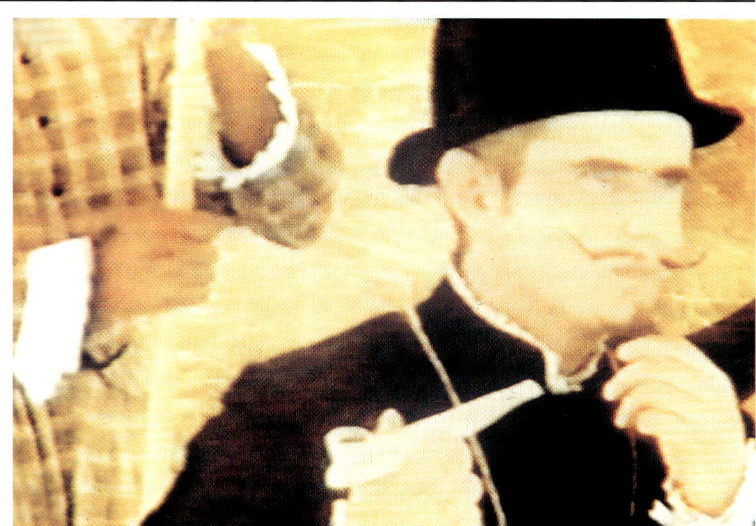

Il video è stato realizzato per il padiglione del Portogallo all'Esposizione Universale, Lisbona 1998. Con un impressionante dispiegamento di colori, forme, richiami all'iconografia del tempo, Boustani orchestra la storia del viaggio della prima nave portoghese che approdò in Giappone, nel 1543. I preparativi, l'imbarco, i marosi, infine l'arrivo in una terra che magicamente si trasforma e assume forme, contorni e colori della pittura giapponese... Il racconto di un viaggio passato alla storia si trasforma nel viaggio di un racconto attraverso la storia delle immagini.

"...L'evento venne registrato in un'ampia collezione di stampe illustrate da artisti giapponesi: sorta di 'istantanee' ante litteram dell'incontro fra due mondi diversi, fissate su tavole ricoperte da sottili lamine d'oro. Queste opere riflettevano le impressioni divertite, intimorite, o a volte sbalordite degli artisti giapponesi, al cospetto di quegli occidentali con le loro curiose usanze e i loro lunghi nasi. Gente che aveva portato con sé animali strani e oggetti sconosciuti: come quei fucili, che da lì a poco avrebbero mutato il corso della storia del Giappone." (Catalogo del Festival "Nouveau Cinéma, Nouveaux Médias", Montreal, ottobre 1998)

The video was made for the Portuguese pavilion at the Universal Expo 1998 in Lisbon. With an impressive array of colours, forms and period iconographical references, Boustani orchestrates the story of the first Portuguese ship to arrive in Japan, in 1543. The preparations, the embarkation, the stormy seas, at last the landfall in a country magically transformed, assuming the shapes, outlines and colours of Japanese painting... The story of a journey which made history is turned into the journey of a story through the story of pictures.

"The event was recorded on a large collection of painted screens, illustrated by Japanese artists, creating an ancient snapshot of the meeting of two worlds on boards covered with a fine layer of gold. They reflected their amused, awe-struck and at times bewildered impressions of these people from the West with their strange customs, and their long noses, bringing rare animals and unknown objects such as rifles which were to change the course of Japan's history." (Catalogue to the Nouveau Cinéma, Nouveaux Médias *Festival, Montreal, October 1998)*

MICHEL BRET

Mystère et boule de gomme

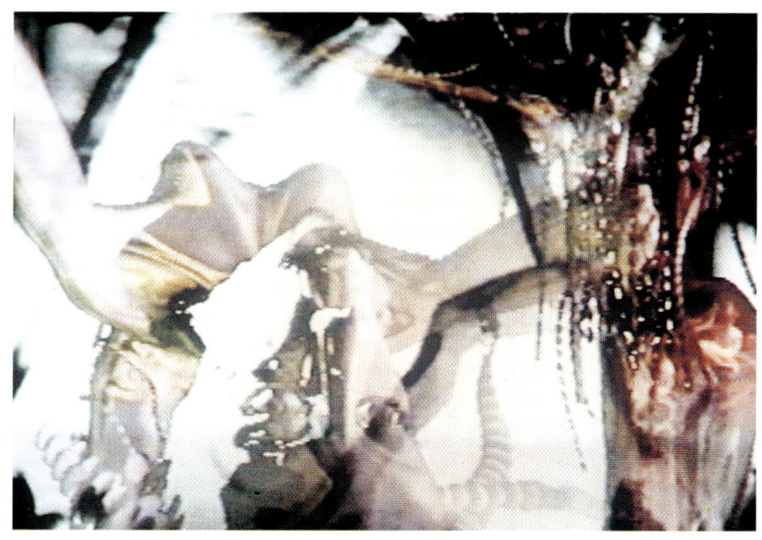

Francia/France, 1997, 3'

Regia, immagini di sintesi, musica, produzione/Direction, synthesized images, music, production: Michel Bret

Michel Bret (Lione, Francia, 1941) è uno dei ricercatori e degli artisti più autorevoli in Francia nel campo della computer grafica. Ha una formazione in arti plastiche, e ha svolto ricerche nel campo informatico e nell'immagine di sintesi, su cui nel 1988 ha scritto un libro. Ha creato lui stesso i programmi con cui lavora (come Anyflo) e alcuni suoi video, come *Automappe* (1988) sono divenuti veri e propri classici della "infographie". Affianca alla ricerca e alla creazione l'insegnamento universitario: è professore di "Arti e tecnologie dell'immagine" all'Università di Paris VIII.

Michel Bret, *born in Lyons, France, in 1941, is one of France's most authoritative researchers and artists in the field of computer graphics. After training in the plastic arts, he went into research in computer technology and artificial imaging, on which he published a book in 1988. He himself created the Anyflo software which he now uses to make videos such as* Automappe *(1988), which have become classics of "infography". He combines university teaching with his creative research and creative work, lecturing in Arts and Technology of the Image at the Paris VIII university.*

Un corpo femminile che, controllato da metodi comportamentali di sintesi, finisce col fondersi con l'ambiente al suono di strane musiche: come in altri video di Michel Bret, miriadi di forme sdoppiate e riflesse danno vita a universi fantastici. Qui la danza di corpi subisce una metamorfosi di tipo pittorico.

"Il tempo della simulazione ha un vantaggio fondamentale su quello del mondo reale: è reversibile. Laddove la realtà ci offre un solo percorso lineare nel labirinto dei possibili, la simulazione ci propone scelte multiple... possibilità di ritorno indietro... e sdoppiamenti dell'istante: uno stesso processo può svilupparsi in modi diversi "nello stesso tempo" se si trova attualizzato in vari esemplari su una macchina dotata di architettura parallela. Allontanandosi così dal mondo fisico e dalle sue costrizioni, inventando modelli apparentemente così estranei al nostro universo, si ritrova la realtà degli esseri viventi che, a partire da uno stesso programma genetico, sviluppano comportamenti diversi..." (Michel Bret, "Le temps retrouvé", in *Les images numériques*, *Cinémaction* n.10, 1994)

A *female body which, controlled by synthesized behavioural methods, ends up by fusing with the surrounding ambience to the accompaniment of strange music: as in other videos by Michel Bret, myriads of replicated forms and reflections give life to fantastic universes. Here the dance of bodies undergoes a kind of pictorial metamorphosis.*

"Simulated time has a fundamental advantage as compared to the real world: it is reversible. Whereas reality offers us only a linear path through the maze of the possible, simulation offers us a multiplicity of choices.. possibilities of going back over... and duplication of the moment: the same process may be developed in various ways 'at the same time' if it is actualised in a number of exemplars on a machine equipped with parallel architecture. By getting away from the physical world and its constraints, by inventing models apparently so extraneous to our universe, we find the reality of living beings which, departing from the same genetic programme, develop different patterns of behaviour..." (from "Le temps retrouvé", in Les images numériques, *Cinémaction, No. 10, 1994)*

JEAN-MICHEL BRUYÈRE
Poèmes à l'infect

Senegal-Francia/Senegal-France, 1997, 45'

Regia/Directed by: Jean-Michel Bruyère

Riprese/Photography:
Dorris Haron Kasco

Fotografia/Still photography:
Arona Camara

Suono/Sound: Régis Sagot

Montaggio/Editing: Marie-Laure Florin

Computer grafica/Computer graphics:
Paul Chapuis

Voce/Voice: Anouk Grinberg

Musica/Music: Thierry Arevondo

Testi/Texts: poesie di Ibrahima Konaté e
Amadou Ba (11 e 14 anni)

Produzione/Production:
Epidemic Productions,
CICV Pierre Schaeffer, La Fabriks
(Francia); Jascom Productions (Senegal)

Jean-Michel Bruyère ha debuttato in
teatro come attore e scenografo nel
1986. Un anno dopo ha fondato a
Marsiglia il gruppo "fabriks" che dirige
tuttora, orientandosi verso la creazione e
gli scambi internazionali e interculturali.
Nel 1993 ha costituito una Scuola
internazionale di arti sceniche che si è
impiantata in varie zone povere della
Francia, in Egitto e in Senegal. Da queste
e da altre esperienze Bruyère ha
elaborato il concetto di "teatro
documentario". Nei laboratori di
"fabricks" ha spesso invitato a lavorare
artisti di vari continenti, dall'Africa
all'Australia. Negli ultimi dieci anni ha
svolto regolarmente progetti in Africa,
sempre in collaborazione con artisti
locali. Il suo lavoro, come quello di tutti
gli artisti di "fabricks", è caratterizzato
"da un impegno politico che oppone alla
'lotta contro la povertà' quella 'contro la
ricchezza'". Dal 1996 ha lavorato a un
ampio progetto con i bambini di strada
di Dakar, sfociato tra l'altro nel video
Poèmes à l'infect, che ha tre versioni
(inglese, francese, tedesca). Ha in
programma varie opere: saggi teatrali,
musicali e tecnologici, "opere urbane",
spettacoli. È anche grafico, fotografo,
musicista e scrittore. Dal 1992 è docente
di arte drammatica in varie istituzioni,
non solo europee.

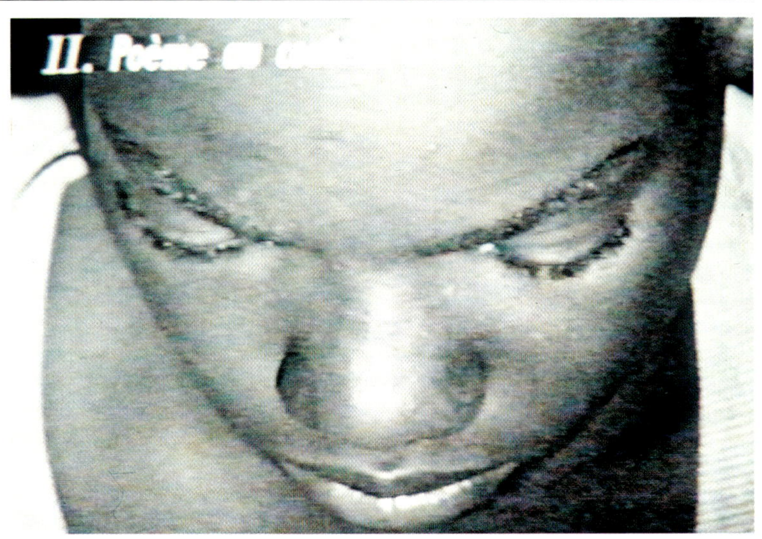

I video, realizzato per essere diffuso in Africa e internazionalmente, è uno dei risultati (con uno spettacolo, una installazione e un libro) di un laboratorio teatrale svoltosi a Dakar, in Senegal, sotto la guida di Jean-Michel Bruyère. Bruyère ha lavorato con
dodici ragazzi di strada, che non sono stati solo attori ma anche
autori: la messa in scena ha preso come soggetto la realtà e l'immaginario di questi bambini e adolescenti filtrata da poesie scritte
da loro stessi. Una fotografia straordinariamente curata, un'am-
bientazione incisiva, sobria, l'intensità dei testi dimostrano un
lavoro che vuole andare ben oltre il documentario o il réportage,
per arrivare a una rappresentazione scenica in cui la condizione di
estrema miseria e di abbandono in cui questi ragazzi sono costretti diventa un dramma sociale, politico ed esistenziale assoluto,
intessuto di sogni impossibili, tenerezza negata e crudele emargi-
nazione. Il laboratorio teatrale fa parte di un più ampio progetto
di recupero sociale: i ragazzi che vediamo, attualmente non vivono (non muoiono, cioè) più nelle strade di Dakar, e sono stati inse-
riti in strutture di accoglienza.

"Questi bambini sono pronti ad affrontare la pagina, l'occhio della telecamera, lo sguardo del pubblico. Desiderano ardentemente
poterlo fare, per mostrare che esistono, che vivono e che amano,
non la propria vita ma la vita, per dire che ognuno di loro ha un
nome, una storia, una personalità, un immaginario ricco e poten-
te, una eccezionale esperienza degli esseri umani, per dire che non
vivono fuori del mondo ma dentro, che si sentono malgrado tutto
ostinatamente vibrare con esso." (*Ultimes Nouvelles* n.4, CICV Pierre Schaeffer, 1997)

"I bambini di strada sono bambini, ragazze e ragazzi dai 10 ai 14
anni, rifiutati o scappati dalle famiglie, perduti o orfani, che vivono giorno e notte nella strada, senza assistenza, senza sostegno e
senza avvenire, in uno stato di povertà assoluta. Sono una appen-
dice incontrollata del nuovo movimento della società mondiale, la
loro condizione è un prodotto diretto della modernità di un mondo mercantile da cui sono esclusi come individui restandovi però
integrati come merci (schiavitù, prostituzione, traffico di orga-
ni...)." (Jean-Michel Bruyère)

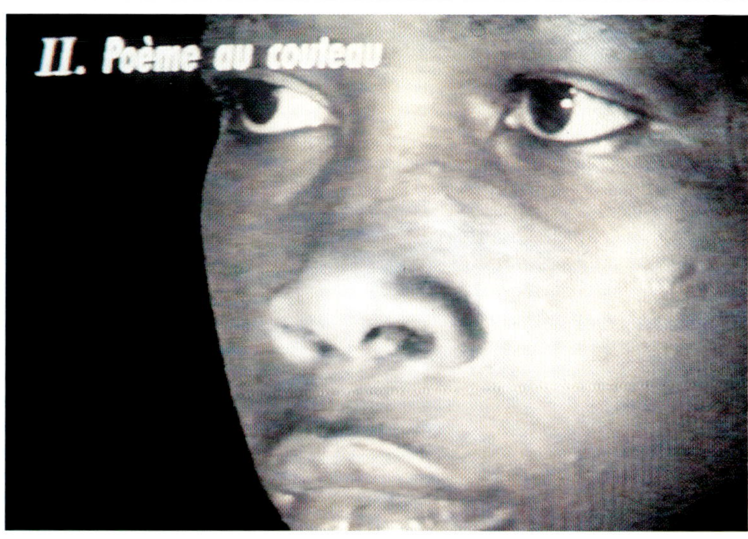

The video was made for distribution throughout Africa and worldwide, and is one of the results (together with a dramatic piece, an installation and a book) of a theatre workshop held in Dakar, Senegal, by Jean-Michel Bruyère. Bruyère worked with eight street kids, who not only became actors but also authors: the piece took reality for its theme, the collective imagination of these children and adolescents filtered through poems written by themselves. An extraordinarily careful portrait, with a decisive, sober ambience; the intensity of the texts attests to a piece determined to go way beyond documentary or reportage to arrive at a scenic representation in which the conditions of extreme poverty in which these kids are forced to live becomes a social, political and existential drama in absolute terms, interwoven with impossible dreams, tenderness denied and cruel marginalisation. The theatre workshop is part of a broader-based social recovery scheme: the kids in the video are no longer living (or dying) on the streets of Dakar, but have found permanent places in shelters.

"These kids are ready to take on the written word, the camera lens, the viewing public. They urgently desire to do so, to show that they exist, that they live and love, not their own life but life itself, to say that each of them has a name, a story, a personality, a rich and powerful imagination, an exceptional experience of human beings, to say that they don't live outside the world but in it, and that despite everything they can feel its vibrations in themselves." (Ultimes Nouvelles, No. 4, CICV Peter Schaeffer, 1997)

"The street kids are girls and boys aged 10 to 14, escaped from or thrown out by their families, abandoned or orphaned, and they live on the street day and night, with no welfare or support and no future, in absolute poverty. They are the uncontrolled appendage of the new mobility at work in global society, their condition is a direct product of a commercial world from which they are excluded as individuals - although they continue to form part of it as merchandise (slavery, prostitution, traffic in human organs…)."
(Jean-Michel Bruyère)

Jean-Michel Bruyère *made his debut in the theatre as an actor and stage designer in 1986. A year later, in Marseilles, he founded the "fabriks" group which he continues to direct today with an orientation based on the creation of international and intercultural exchanges. In 1993 he set up an international scenic arts school which has been sited in various poor areas of France, Egypt and Senegal. This and other experiences have led Bruyère to develop the concept of "documentary theatre".*
He has often invited artists from various continents – from Africa to Australia - to take part in the "fabricks" workshops. Over the last ten years he has carried out regular schemes in Africa, always involving local artists. His own work, like that of all of the "fabricks" artists, has "a political commitment which confronts the 'struggle against poverty' with the 'struggle against wealth'. Since 1996 he has been guiding a major project involving children from the street in Dakar. Among other things, this has led directly to the video Poèmes à l'infect, *which exists in three versions (English, French and German).*
He has a number of projects in the pipeline: essays on theatre, music and technology, "urban works", performances. He is also a graphic designer, photographer, musician and writer. Since 1992 he has taught dramatic arts in various institutions both in and out of Europe.

ROBERT CAHEN

Compositeurs à l'écoute
50 ans de musique au Groupe de Recherches Musicales

Francia/France, 1998, 31'

Realizzazione/Directed by:
Robert Cahen, su un montaggio sonoro
di Christian Zanési

Montaggio/Editing: Jean-Pierre Pruhil

Riprese/ : Régis Nahon

Fotografia/Photography: Claude Pezet

**Animazione-sintetizzatore/
Animation-synthesizer:** Anne Pommier

Coproduzione/Co-production:
INA-Direction des programmes de
Création; Groupe de Recherches
Musicales; France 3. Con la
partecipazione del CNC, SACEM,
Ministère de la Culture-Direction de la
Musique et de la Danse

Robert Cahen (Valence, Francia, 1945)
ha esordito come fotografo e si è
diplomato nel 1971 al Conservatorio di
Parigi, dove ha studiato musica concreta
sotto la guida di Pierre Schaeffer. Dal
1973 comincia a dedicarsi al video,
cercando di applicare all'immagine
elettronica modalità e parametri della
musica, senza utilizzare ne' dialoghi ne'
intreccio. Le opere di Cahen si situano
tra lo sperimentalismo radicale e la
produzione istituzionale, rinnovando
profondamente generi come il
documentario, il film d'arte e il réportage
di viaggio. È stato premiato in tutto il
mondo, ed è uno degli artisti video più
trasmessi da reti televisive internazionali.
Negli ultimi anni Cahen si è dedicato
anche alla realizzazione di
videoinstallazioni, per spazi pubblici
(Euralille, la Cité de la Musique a Parigi)
e in grandi mostre come quella di
Sélestat in Alsazia (1998). In Italia esiste
una monografia dedicata a questo artista
(Sandra Lischi, *Il respiro del tempo,
cinema e video di Robert Cahen*, ETS,
Pisa, 2a edizione 1998), tradotta anche in
francese e in inglese. Robert Cahen vive a
Mulhouse in Alsazia.

Di Robert Cahen nell'archivio Invideo:
*Juste le temps; Cartes postales vidéo;
La danse de l'épervier; Dernier adieu;
Le deuxième jour; L'entr'apercu; Hong Kong
Song; Chili impressions; L'ile mystérieuse;
L'invitation au voyage, Montenvers et mer
de glace; La notte delle bugie; Parcelle de ciel;
Parti sans laisser d'adresse; 7 visions fugitives;
Solo; Trompe l'oeil; Voyage d'hiver;
Corps flottants*

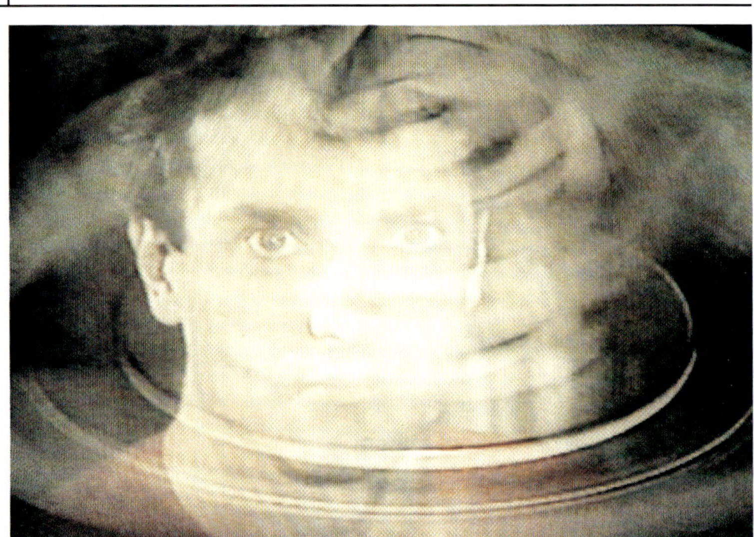

I l video è un documento che fonde il registro musicale, fotografico, cinematografico ed elettronico per un ritratto di cinquant'anni di musica concreta, termine coniato da Pierre Schaeffer per designare un tipo di musica che esiste solamente su supporto (il nastro) e che si avvale delle manipolazioni elettroniche operate sul supporto stesso. È molto importante il rapporto fra queste ricerche d'avanguardia iniziate nel 1948 nell'ambito del Groupe de Recherches Musicales a Parigi e la metodologia di elaborazione e trattamento delle immagini elettroniche: tutta l'attività dello stesso Cahen attesta questa stretta relazione. L'opera, basandosi su un raffinato e delicato lavoro di montaggio, compone in un ritratto visivo-musicale vecchi filmati d'archivio, foto d'epoca, riprese effettuate oggi, brani dei vari compositori mostrati, ed evidenzia efficacemente il rapporto fra questi musicisti e le strumentazioni. *Compositori in ascolto* è un documento su un tipo di musica, su una stagione di grandi scoperte, sulla continuità con la creazione odierna. Riuscendo a fare a meno della voce fuori campo questo documento ci guida, in modo rigoroso ed essenziale, nell'universo creativo di questi musicisti.

"L'autore… ha avuto l'idea di filmare gli autori di questi estratti in una delle fasi più importanti del loro lavoro: quella, inevitabilmente invisibile, che consiste nell'ascoltare i suoni che loro producono con l'aiuto di apparecchiature. I compositori che vediamo nel suo film stanno ascoltando realmente per la maggior parte la musica che ascoltiamo, ed è dunque attraverso il confronto e dall'assemblaggio di due invisibilità (quella dell'ascolto, attività interiore, nell'immagine, e quella delle fonti sonore di questa musica, per definizione immostrabili, nel suono) che Robert Cahen rispetta e restituisce, in maniera poetica, il mistero di questa espressione artistica nuova. Allo stesso tempo i volti, i gesti, le macchine che ci mostra, nelle sue riprese oppure attingendo agli archivi di immagini, ci danno mille piccoli indizi sui diversi periodi che la musica dei suoni fissati ha conosciuto." (Michel Chion)

"Compongono senza partitura una musica fissata su supporto le cui cause sono divenute invisibili. Compongono, con la loro mano e il loro cervello ma anche con il loro orecchio. Compongono 'concretamente' suoni che ascoltano materialmente." (Dai titoli di testa del video)

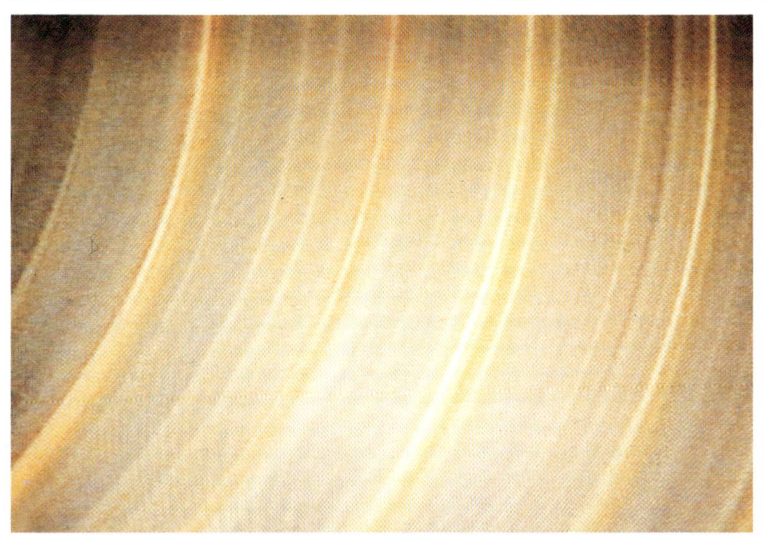

T he video is a musical, photographic, cinema and electronic record of fifty years of 'concrete music', a term coined by Pierre Schaeffer to designate a kind of music which exists solely on a support (the tape), by availing itself of the electronic manipulations carried out on the support itself. What emerges as significant is the relationship established between these avant-garde experiments - begun in 1948 in the Groupe de Recherches Musicales in Paris - and the methodology of the processing and treatment of electronic images: all of Cahen's activities attest to the closeness of this relationship. The video is based on refined and delicate editing and composes a visual-musical portrait from old archive footage, period photographs, contemporary filmed sequences and excerpts from the music of the various composers shown, highlighting effectively the close affinity which links the musicians and the machines.
The video documents a kind of music, and also an era of major discoveries about its continuity in today's creative output. Successfully forgoing a voice-over commentary, the video guides us on a rigorous and essential journey through the creative universe of the musicians.

"The director had the idea of filming the composers of these pieces in one of the most important phases of their work: the inevitably invisible phase which consists of listening to the sounds they produce with the help of their equipment. The composers which we see in his film are for the most part actually listening to the music which we hear, and so it is through the comparing and assembly of two invisible entities (that of listening, an interior activity, in the image, and that of the audio sources of this music, non-demonstrable by definition, in the sound) that Robert Cahen respects and restores to us in poetic form the mystery of this new artistic expression. At the same time the faces, the gestures, the machines that he shows, either by filming them or else by referral to visual archives, give us a thousand tiny clues to the different periods that the music of fixed sounds has been through." (Michel Chion)

"They compose music without a score fixed on a support whose causes have become invisible. They compose, with their hands and brains but also with their ears. They compose 'concretely' sounds which they listen to materially." (from the video's front credits)

Robert Cahen *was born in Valence in 1945 and lives in Mulhouse. He began in photography and also studied music under Pierre Schaeffer at the Paris Conservatoire, obtaining his diploma in 1971. From 1973 he began to work in video, attempting to apply to the electronic image modalities and parameters taken from music, using neither dialogue nor plot. Cahen's works fall somewhere between radical experimentalism and institutional production, breathing fresh life into genres such as documentary, art films and travel reporting. He has been awarded prizes all over the world and is among those video artists whose work has been shown most often on television internationally. In recent years Cahen has also turned to the making of video installations for public spaces (Euralille, the Cité de la Musique in Paris) and major exhibitions such as that at Sélestat in Alsace (1988). A monograph has been published on him in Italy (Sandra Lischi,* Il respiro del tempo – Cinema e video di Robert Cahen, *2nd edition, ETS, Pisa 1998).*

PHILIPPE CHABERT
Pardon

Italia/Italy, 1998, 6'

Realizzazione, riprese, montaggio, musica, voce/Direction, photography, editing, music, voice: Philippe Chabert

Con la partecipazione involontaria di/ With the involuntary participation of: Théatre Sonore, Teatro Gioco Vita, Johan e Timo Chabert, Danio Manfredini, Marco Baliani Ispirato da "Spleen" di Charles Baudelaire

Produzione/Production: Philippe Chabert

Philippe Chabert (Chambéry, Francia, 1955), musicista jazz, dopo gli studi universitari ha collaborato con diverse formazioni musicali francesi. Nel 1987 si trasferisce in Italia, dove collabora con la compagnia teatrale TeatroGiocoVita di Piacenza e dove inizia la sua ricerca video, che lega la composizione sonora a quella visuale. Una delle componenti principali della sua tecnica consiste nell'ottenere originali effetti video sin dalla fase di ripresa. Ha lavorato su/con festival musicali, il teatro, gli ospedali psichiatrici, i centri giovanili. Collabora spesso con Pucci Piazza nel lavoro video relativo all'animazione teatrale nelle scuole. Vive a Reggio Emilia.

Philippe Chabert, born in Chambéry, France, in 1955, is a jazz musician who played with a number of French groups and bands after completing his university studies. In 1987 he moved to Italy, where he now lives in Reggio Emilia and works with the TeatroGiocoVita theatre company from Piacenza. In Italy he also began working with video, putting together his visual and musical compositions. One of the principal elements of his technique is the obtaining of original video effects right from the moment of shooting. He has worked on and with musical festivals, the theatre, psychiatric hospitals and youth centres. He often works with Pucci Piazza in videos that deal with the use of theatre in school contexts.

Di Philippe Chabert nell'archivio Invideo: *Chiostri di San Pietro; Sguardi come parole* (con Pucci Piazza)

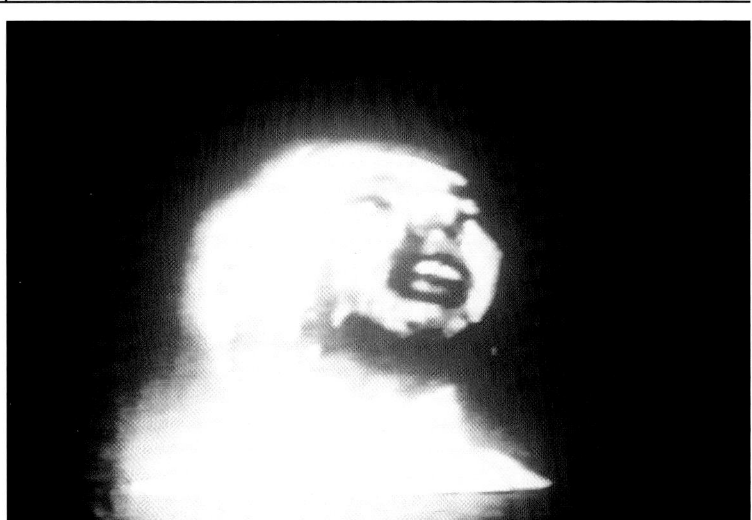

habert canta Baudelaire. O meglio, lo recita cantando, mentre sullo schermo scorrono immagini di altri schermi, paesaggi ripresi da un treno o da un'auto, frammenti di incontri e di viaggi, immagini lontane di spettacoli sfumati dal ricordo. Le parole delineano un universo da cui la speranza sembra bandita, eppure il ritmo dei suoni e delle immagini, i volti dei bambini, la forza e l'energia del teatro sembrano raccontare il possibile, renderlo di nuovo vivo e presente.

"Il mio primo incontro con *Pardon* risale al dicembre 1994. All'epoca si intitolava *N. voyage* (...) Quell'album iniziava a datarsi dall'arrivo/esilio di Chabert in Italia, l''87... gli incontri intensi, i progetti realizzati/naufragati ma condivisi con persone amate... Il furore appassionato alla ricerca del 'teatro necessario' (...) Ma *Pardon* è un'altra cosa. Lo stesso Chabert, in un appunto, mi segnala telegrafico: '...N. voyage: racconto in prima persona, autobiografico, diario... Pardon: rilettura, sguardo di uomo che si guarda, memoria incerta, sdoppiamento, guardarsi come estraneo a sé medesimo...' *Pardon* è un labirinto, un gioco di specchi che si sono consumati..." (Pucci Piazza, testo inedito)

habert recites Baudelaire. Or rather, sings it, while on the screen images of other screens pass by, landscapes filmed from a train or car window, fragments of encounters and journeys, far-off images of performances blurred by memory. The words delineate a universe from which hope is apparently barred, yet the rhythm of the sounds and images, the faces of the children, the force and energy of the theatre seem to tell of the possible, making it alive and present again.

"My first encounter with Pardon *goes back to December 1994. At the time it was called* N. voyage *(...) That album started to date from the time of Chabert's arrival/exile in Italy in 1987... the intense encounters, the projects which came off or failed with people he loved... the passionate fury of the search for 'necessary theatre' (...) But* Pardon *is something else again. Chabert himself suggests in a laconic note to me: "...N. voyage: first person narrative, autobiographical, diary... Pardon: re-reading, the look of a man who looks at himself, uncertain memory, doubling, looking as an outsider at one's own self...". Pardon is a labyrinth, a game of mirrors..." (unpublished text by Pucci Piazza)*

AGATA CHIUSANO
Notte alla reggia

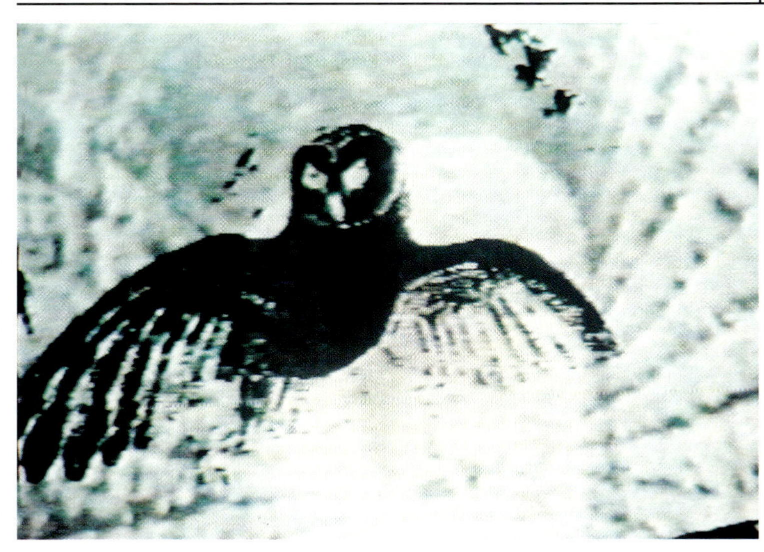

Italia/Italy, 1998, 45'

Testo/Text: radiodramma "Notte alla reggia", di Italo Alighiero Chiusano, inciso per radio RAI nel 1955

Regia, riprese, montaggio, costumi/ Direction, photography, editing, costumes: Agata Chiusano

Suono/Sound: Maurizio Mele

Riprese iconografiche/Iconographical photography: Maurizio Picchi

Musiche/Music: Agata Chiusano, Maurizio Mele, Alessandro Amaducci

Personaggi e interpreti/Cast:
Fernando Solieri (voce prima scolta);
Giotto Tempestini (voce seconda scolta);
Maurizio Mele (Duca di Laren);
Ivo Garrani (voce);
Dario Dolci (voce primo ufficiale);
Nicola Picchi (Gorl);
Angelo Calabrese (voce);
Andrea Marcellino (un uomo);
Riccardo Cucciolla (voce);
Emiliano Sbaraglia (Masa);
Renato Cominetti (voce);
Agata Chiusano (figura nell'ombra);
Umberto Brancolini (voce);
Viviana Paladini (Tlaja);
Maria Teresa Rovere (voce)

Produzione/Production:
La Jena in collaborazione
con il Comune di Frascati

A gata Chiusano mette in immagini un radiodramma del padre, Italo Alighiero Chiusano, rispettandone l'originale edizione radiofonica. Quarantacinque anni dopo, il testo rivive grazie a una partitura visiva che, senza alcuna pretesa illustrativa, mimetica o didascalica, segue passo passo, non realisticamente eppure in modo profondo, le risonanze del racconto. L'opera è stata presentata nell'ambito dell'iniziativa culturale "La stagione della biblioteca" (Comune di Frascati, città natale dello scrittore). È un interessante esperimento di creazione audiovisiva a partire da un testo preesistente, basato su un intreccio avventuroso, romanzesco. "Il duca di Laren viene convocato in piena notte nel palazzo reale per un'udienza privata con il sovrano. Giunto alla reggia si rende conto che dietro l'invito si cela una trappola ordita a suo danno. Nel corso della notte si succedono inquietanti avvenimenti finché una fosca alba sorgerà sul castello..." La trama visiva è fatta di ombre sfuggenti, allusioni, tessuti di colori che sconfinano nell'astrazione: "il compito delle immagini -scrive Agata Chiusano- è quello di evidenziare ed evocare determinate sfumature testuali che risaltano alla lettura, senza mutilare o incanalare la fantasia dell'uditore vedente/veggente e di raccogliere l'attenzione in caduta libera, facendola 'viaggiare' su un doppio binario."

Agata Chiusano (Biella, 1968) si è diplomata come regista elettronico e realizzatrice di programmi televisivi presso il Laboratorio Comunicazioni Sociali di Roma. Nel 1992 ha fondato, con Maurizio Mele, il gruppo di Autoproduzione La Jena, per la sperimentazione audiovisiva e la ricerca teatrale. Ha realizzato numerosi lavori, fra cui *Videoassenza*, del 1997, dedicato alla figura del padre, scrittore e germanista, recentemente scomparso. Si è occupata di teatro e di spettacoli multimediali. Dal 1996 cura la rassegna Giovane Cinema Indipendente, presentata in varie sedi universitarie e all'interno della Giovane Estate Tuscolana. Vive a Frascati.

"...Lo spostamento costante dall'udito alla vista sta creando una nuova forma vitale, l'uomo interconnesso e globalizzato, simbolo di un'illogica incoerenza, dato che vive in una realtà apparente che non gli appartiene e lo isola autisticamente. Questo è uno dei motivi principali per cui ho voluto creare l'esigenza di un ascolto prolungato a 45 minuti, che ingannasse l'occhio e obbligasse il cervello a cercare le coordinate nel testo sonoro (...) L'operazione *Notte alla reggia* è intesa a sviluppare la capacità di ascolto, creando una serie di suggestioni, evitando ogni forma di lettura didascalica e di descrittività, tentando di riconsegnare all'opera la suggestione di un testo drammatico verticale, tipica dell'opera di mio padre..." (Agata Chiusano)

Agata Chiusano *was born in Biella in 1968 and lives in Frascati. She gained a diploma as electronic director and television programme producer at the Laboratorio Comunicazioni Sociali in Rome. In 1992 she joined Maurizio Mele as founder of the La Jena independent production group for audiovisual experimentation and theatre research. Her considerable body of work to date includes* Videocassetta *(1997), dedicated to her late father who was a writer and German scholar. She has worked in both the theatre and multimedia. Since 1996 she has been the organizer of a Young Independent Cinema series presented in various universities and as part of the Giovane Estate Tuscolana summer festival.*

Di Agata Chiusano nell'archivio Invideo: *Videoassenza*

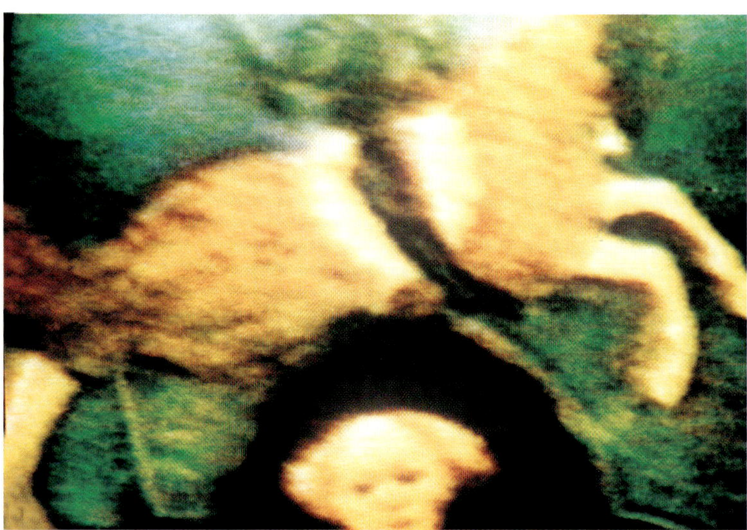

A gata Chiusano creates a visual version of a radio play by her father, Italo Alighiero Chiusano, maintaining the text in its original form. Forty-five years after the radio performance, the text comes to life again thanks to a visual score which, while not claiming to be illustrative, imitative or a commentary, nevertheless follows the resonances of the original step by step, not realistically but profoundly. The video was presented as part of the "Library Season" cultural initiative in Frascati, her father's native town. It is an interesting experiment in video creation taking as its starting point a pre-existing text, in this case a romantically adventurous plot. "The Duke of Laren is called to the royal palace in the dead of night for a private audience with his sovereign. Once there, he realises that the invitation is an attempt to lure him into a trap. During the night many disquieting events take place, until at last a gloomy dawn illumines the castle…" The visual plot is made up of fleeting shadows, allusions, coloured textures which tend to the abstract: "The task of the images," writes Agata Chiusano, "is to highlight or evoke certain tints which come out strongly from reading the text, without mutilating or channelling the seeing/viewing listener's imagination, and to collect the audience's free-falling attention, making it 'travel' on two parallel tracks."

"…The constant shifting from hearing to sight is creating a new life-form, inter-connected and globalised man, the symbol of an illogical incoherence, given that he lives in an apparent reality which does not belong to him and which isolates him autistically. This is one of the main reasons why I wanted to create the demand for a prolonged listening of 45 minutes, which would trick the eye and force the brain to seek the coordinates in the audio text (…) Notte alla reggia *is an operation which seeks to develop the capacity for listening by creating a series of suggestions, avoiding any form of straightforward descriptive commentary and trying instead to restore to the work the suggestive power of a vertical dramatic text, typical of the way my father wrote…" (Agata Chiusano)*

SEOUNGHO-CHO
Salt Creek

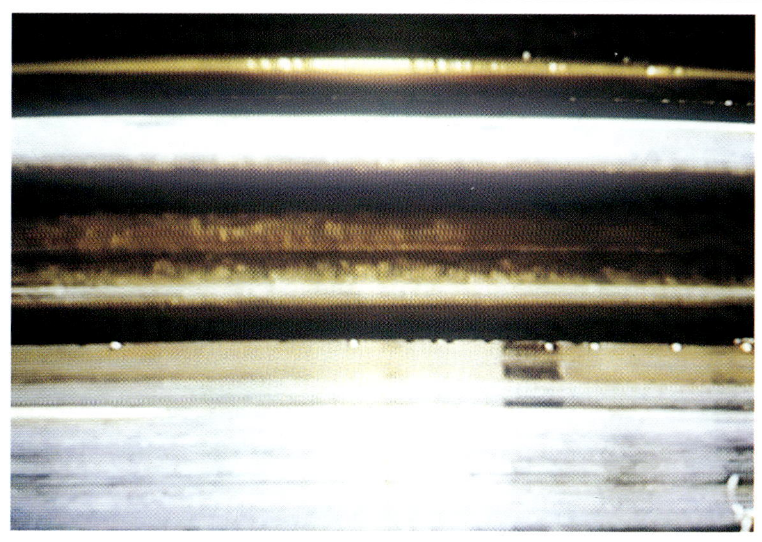

USA, 1998, 16'34"

Realizzazione/Directed by:
Seoungho-Cho

Concezione sonora/Soundtrack:
Stephen Vitiello

Violinista/Violinist: Rebecca Moore

Seoungho-Cho (Seul, Corea del Sud, 1959) si è formato in Arti grafiche all'Università del suo paese, e in videoarte a New York. Sia negli USA che in Canada ha ricevuto borse di studio e riconoscimenti. Il MOMA di New York gli ha dedicato una personale; i suoi lavori (presentati in vari festival internazionali) sono stati programmati da varie reti televisive americane e straniere. Il suo stile si distingue per la forte componente di ricerca visiva e sonora (collage di suoni, elaborazione dell'immagine) unita alla riflessione sullo spazio urbano, la solitudine, il paesaggio.

E splorazione minuziosa, fino a diventare quasi astratta, di terra inaridita dalla siccità, argilla, sabbia; poi foglie, paesaggi velocizzati, colore: il deserto. "*Salt Creek* - scrive Stephen Vitiello - è una meditazione sul paesaggio e la perdita. Il video è stato girato nel deserto californiano, la Valle della Morte, a pochi chilometri da dove Antonioni ha girato il suo *Zabriskie Point*. Per molti, l'esperienza del deserto è stata caratterizzata da un senso di pace, di calma. Attraverso le lenti della telecamera di Cho e la colonna sonora vediamo e sentiamo invece un'immagine molto più aspra. Immagini ondeggianti e violini sfregati sono infuocati dal calore del deserto e dall'artista, sopraffatto dalla solitudine".

"I video e le installazioni di Cho sono esplorazioni formaliste, quasi pittoriche, della soggettività e del subconscio. Queste meditazioni spesso tese si concentrano sulla natura e il costo dell'isolamento e della solitudine nel momento in cui ci si dispone a integrarci in una cultura, un paesaggio e una lingua diversi dai propri". (Aggiornamento al catalogo di Electronic Arts Intermix, New York, 1995)

Seoungho-Cho *was born in 1959 in Seoul, South Korea. He received a BA in graphic arts from Hong-Ik University in Korea and an MA in video art from New York University. He has received awards and study grants in both the USA and Canada. The MOMA in New York dedicated a retrospective to him; his work (exhibited at various international festivals) has also been broadcast by several networks in and outside the U.S. His style is distinguished by the highly experimental nature of the approach to image and sound (sound collage and image processing), together with reflections on urban space, solitude and landscape.*

A *description, minute to the point of abstraction, of a land devastated by drought. First clay and sand, then leaves, speeded-up landscapes, colour: the desert. "Salt Creek", writes Stephen Vitiello, "is a meditation on landscape and loss. The tape was shot in the California desert, Death Valley, just miles from where Antonioni filmed* Zabriskie Point. *For many, the desert landscape has been experienced as a vision of peacefulness and calm. Through the lens of Cho's camera and the accompanying soundtrack, we see and hear a much harsher vision. Flickering images and scraping violins are ignited by the desert heat as well as by the artist and his overwhelming solitude."*

"Cho's single-channel tapes and explorations are formalist, almost painterly explorations of subjectivity and the subconscious. These often tense meditations focus on the nature and cost of isolation and loneliness while integrating into a culture, landscape and language other than one's own." (update to Electronic Arts Intermix catalogue, New York, 1995)

SALVO CUCCIA

Cieli altissimi retrocedenti
(Teicologia di Palermo)

Italia/Italy, 1998, 13'

Soggetto, sceneggiatura, fotografia, regia, scenografie, suono e musica/ Concept, script, photography, direction, set design, sound and music: Salvo Cuccia

Montaggio/Editing: Daniele Randazzo, Salvo Cuccia

Produzione/Production: Metrodora, in collaborazione con Assessorato alla cultura del comune di Palermo

Salvo Cuccia (Palermo, 1960) ha realizzato dal 1986 circa 40 lavori, sia in video che in pellicola e videoinstallazioni. Si è particolarmente interessato al rapporto fra musica, suono e immagine, collaborando con importanti musicisti, ma anche al confronto fra la persona e i luoghi (ha realizzato alcuni video su Palermo ma anche alcuni cortometraggi ispirati al rapporto con la terra di Sicilia vissuta in modo astratto, talvolta surreale). *Un sogno di lumaca* ha vinto il secondo premio alla 13a edizione del Festival Internazionale Cinema Giovani 1995 ("Spazio Italia"). *Cieli altissimi retrocedenti* ha ricevuto una menzione al 16° Torino Film Festival 1998. Vive a Palermo.

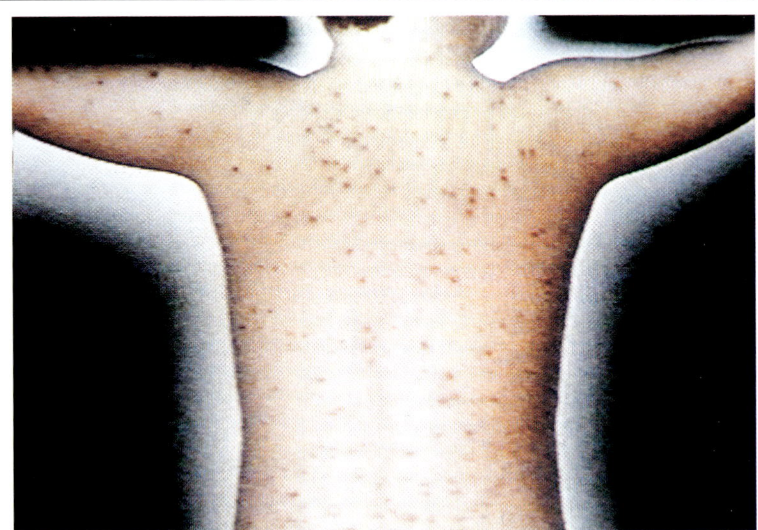

Cieli altissimi retrocedenti è liberamente tratto dall'opera teatrale digitale omonima (tre schermi, suono spazializzato su otto piste, diversi accorgimenti percettivi) rappresentata a Palermo, nella chiesa di S. Maria dello Spasimo, autori Salvo Cuccia, Enrico Frattaroli e Roberto Paci Dalò. A sua volta l'opera è stata ispirata alla *Teicologia* di Antonio Pizzuto (Palermo 1893 - Roma 1976), scrittore inventivo nei linguaggi, situabile nelle "avanguardie", qui pensato come "ipertesto infinito e luogo di convivenza di impossibili" (Paci Dalò). Il video condensa l'esperienza teatrale, proponendoci un omaggio alla scrittura di Pizzuto e nel contempo alla città di Palermo descritta per evocazioni e accostamenti enigmatici. Una bambina dalla pelle sofferente, macchiata; un'anziana donna dal volto solcato di rughe; una ragazza; scene di strada; rapide apparizioni; il mercato, la folla. Qualcosa di arcaico: le pietre erose dal tempo, percorsi labirintici di scarabei e un vorticare di lettere e numeri, mentre la calligrafia si intesse fitta, fino a divenire essa stessa un muro, e il suono è composto di rumori regolari, crepitii, voci indistinte. Gli effetti video (scomposizioni, sdoppiamenti, aloni, solarizzazioni, alterazioni della velocità, sgranature...) sembrano voler cogliere (ancora Paci Dalò) "la scrittura della velocità sublime di Pizzuto nel flusso della città e ancora nella sua immobilità, nel suo ruotare su se stessa. Palermo come la scrittura di Pizzuto non si ripete mai."

"Raccontare è proporsi di raccontare un'azione, cioè uno svolgimento di fatti, ma, anziché rappresentarli, il racconto in ultima analisi li documenta (...) La narrazione vince l'assurdo di tradurre l'azione in rappresentazioni poiché riconosce che il fatto è un'astrazione. Se i personaggi raccontati sono dei documenti, i personaggi narrati sono dei testimoni, (...) la narrazione diventa così sostanza-forma, cioè stile, non più analisi, ma sintesi trascendentale in cui l'azione riprende vita perché la narrazione non è più il ritratto, bensì una risonanza." (Antonio Pizzuto, "Paragrafi sul raccontare", in *Paginette*, Il Saggiatore, Milano 1964)

"...un oltresogno fluttuante in una materia non reinterpretata e riportata alla luce senza nessuna indagine sociologica. Il lavoro è solcato internamente da un ipertesto pizzutiano con il quale si intende abbandonare, abbracciandola, la storia." (Salvo Cuccia)

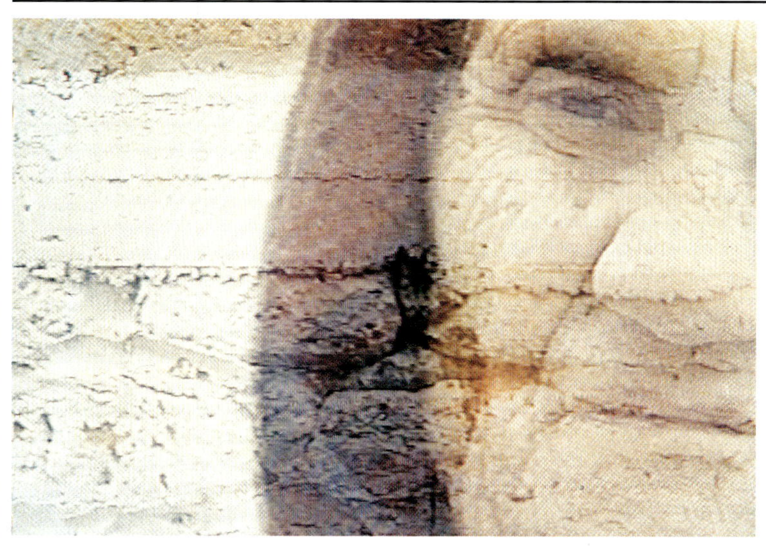

Salvo Cuccia *lives in Palermo, where he was born in 1960. Since 1986 he has made some 40 films, videos and video installations. He has shown particular interest in the relationship between music, sound and image, working with important musicians, but also in the confrontation between people and places (he has made several videos on Palermo and short features inspired by the relationship with the land of Sicily, experienced in abstract, sometimes surreal fashion).* Un sogno di lumaca *won the second prize in the Spazio Italia section at the 13th Young Cinema festival in Turin in 1995.* Cieli altissimi retrocedenti *received a mention at the 16th Turin film festival in 1998.*

Di Salvo Cuccia nell'archivio Invideo:
Videoplunders

C ieli altissimi retrocedenti *is a free adaptation from the digital theatre piece with the same title, which used three screens, an eight-track sound system and various perception devices and was put on in Palermo in the church of Santa Maria dello Spasimo. The authors of the stage work were Salvo Cuccia, Enrico Frattaroli and Roberto Paci Dalò, and it in turn was inspired by the* Teicologia *by Antonio Pizzuto (Palermo 1893 - Rome 1976), an innovative writer who could be classified as "avant-garde". The theatre adaptation was thought out as "infinite hypertext, and a place where impossibles could live together", in the words of Paci Dalò. The video condenses the theatrical experience, offering a tribute to Pizzuto's writings and at the same time to the city of Palermo, described by evocations and enigmatic associations. A girl suffering from diseased skin, spotted; an old woman whose face is lined with wrinkles; a girl; street scenes, fleeting appearances; the market, the crowd. Something archaic: stones worn away by time, labyrinthine paths of beetles and a swirl of letters and numbers, while the handwriting becomes so thickly intertwined as to become itself a wall, and the sound is made up of regular noises, rumblings, indistinct voices. The video effects (breakdowns, doubling, haloes, solarisation, variations in speed, graining...) seem to want to pick up (again in the words of Paci Dalò) "Pizzuto's writing of sublime velocity in the flow of the city as also in its immobility, its turning upon itself. Palermo, like Pizzuto's writing, never repeats itself."*

"Narrating means setting out to tell of an action, a series of facts, but instead of representing them, in the final analysis the story documents them(...) Narration overcomes the absurd of translating actions into representations, since it recognizes the facts as abstraction. If the characters depicted are documents, the narrated characters are witnesses, (...) narration thus becomes substance-form – style, that is - no longer analysis, but transcendental synthesis in which action is revived because narration is no longer a portrait but an echo." (Antonio Pizzuto, Paragrafi sul raccontare, in Paginette, Il Saggiatore, Milan 1964)

"...an ultradream fluctuating in a way which is not re-interpreted, and brought to light without any social enquiry. The work is run through with a Pizzuto hypertext with which it is intended to abandon the story while embracing it." (Salvo Cuccia)

ALEXIA DAFNI·GEORGIOS PAPADATOS
Les enfants de dune

Italia/Italy, 1997, 3'18"

Realizzazione/Directed by: Alexia Dafni
e Georgios Papadatos

Alexia Dafni (Atene, Grecia, 1970) ha
studiato filologia inglese alla facoltà di
filosofia dell'Università di Atene. Nel
1994 si è trasferita in Italia, dove ha
seguito i corsi dell'Accademia di Belle
Arti. Vive e lavora a Roma.

Georgios Papadatos (Atene, Grecia,
1969) ha studiato grafica pubblicitaria e
ha seguito a Roma i corsi dell'Accademia
di Belle Arti. Vive e lavora a Roma.
Dal 1997 lavorano insieme e hanno
realizzato alcuni video; sono stati
premiati a Milano (Videofilm Festival
I corti di fine millennio) e hanno esposto
il loro lavoro anche al Kunsthaus di
Zurigo.

Alexia Dafni *was born in Athens in 1970
and studied English Philology at the
philosophy faculty of Athens University.
In 1994 she left Greece for Italy to study
at the Academy of Fine Arts. She lives and
works in Rome.*

Georgios Papadatos, *born in Athens in
1969, studied graphic design for
advertising and attended courses at the
Academy of Fine Arts in Rome, where he
also lives and works.
Since 1997 Dafni and Papadatos have
worked together, producing several videos.
They were prize-winners at the Milan
videofilm festival* I corti di fine millennio
*and have also shown their work at the
Zurich Kunsthaus.*

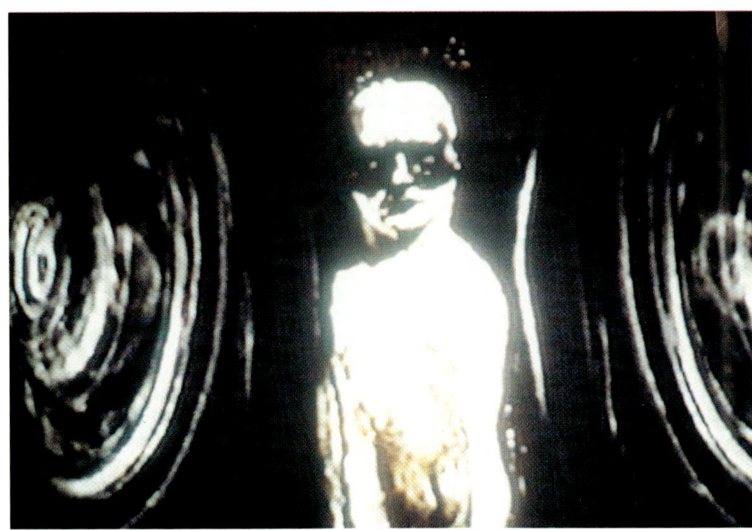

I l video mostra rapidamente varie situazioni relative al corpo e alle sue trasformazioni. In un tessuto ricco di eleganti ed enigmatici riferimenti grafici in continua metamorfosi, le figure si stagliano più o meno definite, trasformate o contorte, incastrandosi con una serie di simboli, segni, macchine. Una sintetica riflessione per immagini sul rapporto fra corpo e tecnologia, sulle attuali trasformazioni (anche genetiche) della persona e su posture improbabili di corpi immaginari o resi tali dal lavoro sull'immagine.

"Immagini del corpo umano, in situazioni estreme (per esempio citazioni del lavoro fotografico di Witkin) in associazione con macchine in movimento in posizioni insolite o addirittura impossibili. Il sonoro è la combinazione di percussioni africane, o altri suoni legati al corpo umano e batterie generati da software musicali." (Alexia Dafni e Georgios Papadatos)

T he video rapidly shows various situations regarding the body and its transformations. In a rich, constantly metamorphosing texture of elegant and enigmatic graphic references, the figures stand out more or less distinctly, transformed or contorted, interlocking with a series of symbols, signs, machines. A summary reflection through images on the relationship between the body and technology, on current (for instance genetic) transformations of the person, and the improbable postures of bodies which are imaginary or are made so by image processing."

*Images of the human body, in extreme situations (for instance allusions to the photographs of Witkin), in association with moving machines, in unusual or even impossible positions. The sound track combines African percussion with other sounds linked to the human body and drum batteries generated by musical software."
(Alexia Dafni and Georgios Papadatos)*

ANNA DE MANINCOR

Studio sul sonnecchiare

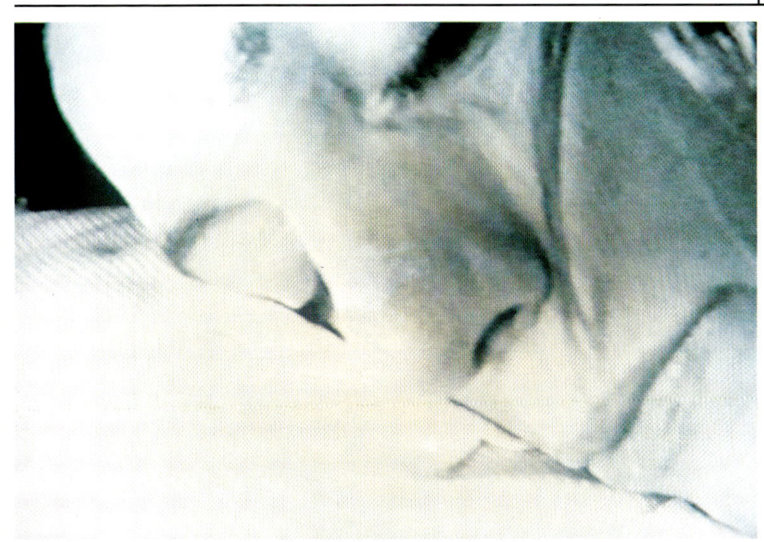

Italia/Italy, 1998, 4'20"

Regia/Directed by: Anna De Manincor

Luci e ombre/Lighting and shadow:
Luigi Martinucci

Suoni e silenzi/Sound and silence:
Starfuckers, "colei con cui"
da INFRANTUMI

Interpreti/Cast: Anna Albertarelli
e Marco Forlani

Produzione/Production: Starfuckers
e Vibrakoda ani-motion

D al 1994 Anna De Manincor realizza video con una forte componente teatrale, in cui il linguaggio del corpo trova momenti di felice incontro con la tradizione cinematografica (dal documentario al musical...) e un uso versatile, elastico e ricco del video. Premiata nel 1998 al Festival di Riccione TTV per *La custode* e *Skankrèr*, lavori con una dimensione anche narrativa, sviluppa in quest'ultima opera, *Studio sul sonnecchiare*, uno sguardo intimo, attento, silenzioso sulle posture dei corpi in quel momento del tutto incerto e particolare che sta fra la veglia e il sonno. Uno studio ravvicinato sul corpo e sul movimento, dunque, ma anche sulle oscillazioni percettive nell'incontro.

"Inevitabile...Il mio tema sempiterno: concretezza di corpi e situazioni ibride rappresentabili solo in immagine. Ne faccio (crudamente) uno schema: non centro/condizione non definita; riproduzione/continua autoriproduzione; silenzio/minima vista, massimo tatto. Tra (più) sonno e (che) coccole; tra (più) comodità e (che) sensualità; tra (più) solitudine e (che) fusione..." (Anna De Manincor)

S ince 1994 Anna De Manincor has made videos with a strongly theatrical make-up, in which body language merges happily with the cinema tradition (from documentary to musical), and a versatile, rich and elastic use of video. In 1998 she was a prize-winner at the TTV Festival in Riccione with *La custode* and *Skankrèr*. These videos did possess a narrative dimension, which is developed in this, her most recent work, *Studio sul sonnecchiare*, a careful, quiet, intimate observation of the posture of bodies in that odd and completely uncertain moment between sleep and waking. A close study of the body and movement, then, but also of the perceptive oscillations.

"Inevitable.. my eternal theme: corporeal concreteness and hybrid situations that can only be represented in pictures. I (crudely) fashion a scheme: non-centre / non-defined condition; reproduction / continuous self-reproduction; silence / minimum sight, maximum touch. Between (more) sleep and (than) caresses; between (more) comfort and (than) sensuality; between (more) solitude and (than) fusion..." (Anna De Manincor)

Anna De Manincor (Trento, 1972) ha una formazione di danzatrice e lavora attualmente nella compagnia teatrale L'impasto. Ha trascorso alcuni anni a Parigi, dove ha studiato danza e cinema (si è formata come operatrice col direttore della fotografia Renato Berta). Dal 1997 lavora come operatrice di macchina del direttore della fotografia Luigi Martinucci. Realizza video indipendenti, videoclip, promo di spettacoli teatrali, video di danza o documentari e collabora alla realizzazione di cortometraggi super 8 e 16mm sia come operatrice che come aiuto regista. Vive a Bologna, dove sta terminando gli studi universitari al DAMS.

Anna De Manincor *was born in Trento in 1972. She first trained as a dancer and currently works with the L'impasto theatre company. She also spent a number of years in Paris, where she studied dance and cinema, serving her professional apprenticeship under director of photography Renato Berta. Since 1997 she has been camera operator to another director of photography, Luigi Martinucci. She makes independent videos, video clips, promos for theatre shows, dance videos or documentaries, and also works in the making of super 8 and 16mm films, as camera operator or assistant director. She lives in Bologna, where she is finishing a degree course at the DAMS performing arts college.*

MOUNIR FATMI

Survival signs

Marocco/Morocco, 1998, 12' 30''

Realizzazione e grafica computerizzata/ Direction and computer graphics: Mounir Fatmi

Montaggio/Editing: Abderrahim Mejd per GAMA production

Riprese/Photography: Mounir Fatmi, Daniel Beauron, Abdallah Oustad

Voci/Voices: Sonja Vuk, Mounir Fatmi

Citazioni/Quotations: Lichtenberg e Horst Stern in "La langue d'Adam" di Abdel Fattah Kilito

Produzione/Production: Mounir Fatmi

Mounir Fatmi (Tangeri, Marocco, 1970) ha studiato all'Accademia di Belle Arti di Roma (dove ha seguito anche un corso di computer grafica) e di Casablanca. Ha partecipato con le sue opere a diverse mostre sia in Marocco che all'estero. Dal 1989 ha avviato la sua ricerca video, lavorando spesso con immagini di sintesi e realizzando anche installazioni e performance. I suoi lavori sono caratterizzati da grande pittoricità ed eleganza e da una impostazione poetica che si intreccia con elementi di riflessione filosofica, politica e sociale. Vive e lavora a Casablanca.

Mounir Fatmi, born in Tanger, Morocco, in 1970, studied both in Casablanca and at the Academy of Fine Arts in Rome, where he also did a course in computer graphics. He has shown his work at a number of festivals both in Morocco and in other countries. Since 1989 he has been exploring the possibilities of video, often working with synthesized images and creating both installations and performance art. His works are characterised by their high pictorial content and elegance, and by a poetic approach interwoven with philosophical, political and social considerations. He now lives and works in Casablanca.

Di Mounir Fatmi nell'archivio Invideo: *Personne n'est seul, rien n'est solide...; Deux poèmes pour mourir*

I l video è costruito come una storia "non narrativa" del linguaggio, dell'importanza vitale della comunicazione. Grafismi e geometrie disegnano e riempiono la figura umana, avvolgendola in un vortice di ghirigori di lettere, numeri, parole, accompagnati da rumori, brusio di numerose voci, una ninna-nanna, silenzi ed echi. Piano piano si passa dalla comunicazione all'evocazione della censura, della repressione, del silenzio imposto, evocando i disastri provocati dall'embargo USA nei confronti dell'Iraq: "Sette anni dopo l'interruzione dei combattimenti, la mattina del 28 febbraio 1991. La guerra continua."

"...Utilizzando il linguaggio elettronico, le immagini ecografiche e televisive, *Survival signs* mostra la perdita del potere di comprensione e di comunicazione del linguaggio. Per fare un esempio: il video presenta la lotta per la sopravvivenza di bambini iracheni privati del cibo, il che è un modo per tagliar loro la lingua. Quale frutto proibito avevano assaggiato? Quale lingua si vorrebbe che parlassero? Quella dell'avere o quella dell'essere? O aspettiamo solo che muoiano senza aver pronunciato una parola?" (Mounir Fatmi)

T he video is constructed as a kind of "non-narrative" story of the language and vital importance of communication. Graphic and geometric elements draw and fill out the human figure, wrapping it in a vortex of whirling letters, numbers, words, accompanied by noises, the hum of many voices, a lullaby, silences and echoes. Gradually, from communication the video turns to the evocation of censorship, repression, imposed silence, evoking the disasters caused by the U.S.-led embargo against Iraq: "Seven years after the cessation of hostilities on the morning of 28 February 1991. The war goes on."

"...Using electronic language, ecograph and television images, Survival Signs shows how the power of language to understand and communicate can be lost. To take one example: the video shows the struggle of Iraqi children to survive without food, which is one way of reducing them to silence. What forbidden fruit had they tasted of? What language are they expected to speak? The language of having or the language of being? Or do we simply expect them to die without saying a word?" (Mounir Fatmi)

FLUID VIDEO CREW

Un'immagine del Che

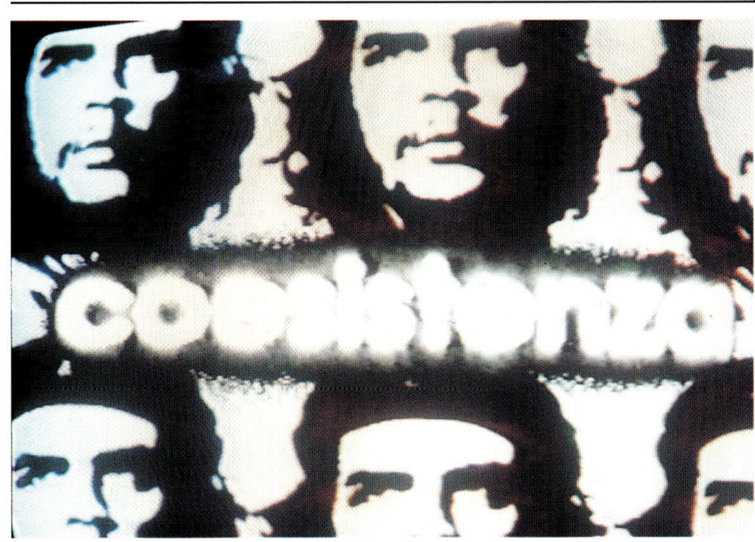

Italia/Italy, 1998, 22'

Regia/Directed by: Fluid Video Crew -
Produzioni Audiovisive Indipendenti
in collaborazione con "Che"ntro sociale
Tor Bella Monaca, Roma

Musica/Music:
Plastik, Man Consumed e Slok

Produzione/Production:
Fluid Video Crew in collaborazione con
Mediateca, Roma; Comune di Roma,
sistema delle Biblioteche-Centri culturali

I video, girato per essere inserito all'interno di un convegno internazionale, esplora il mito di Che Guevara a partire da un quartiere di Roma, Tor Bella Monaca, in periferia, dove è sorto un centro sociale che porta il nome del comandante. Le testimonianze e i ritratti del quartiere si alternano con immagini d'archivio, mentre frasi del Che -e infine degli abitanti del quartiere- compaiono ritmicamente e velocemente sullo schermo, una parola dopo l'altra. Ma il video propone anche una riflessione sull'immagine del Che, sulle contraddizioni (spesso sulla convivenza) fra moda e mercato da un lato e reale eredità degli ideali e della lotta di Guevara. Massimo Canevacci, antropologo culturale, ci parla del potere della celebre foto di Korda, ma anche dell'importanza di una sua diffusa, anche "dissacrante" circolazione. Un ambulante carico di magliette ci informa che "tra Guevara e Di Caprio si vende molto di più Che Guevara". La Sierra Boliviana e la periferia romana, in cui "tutto sembra fatto per disgregare", si danno la mano, alla ricerca dell'attualità della lotta contro ogni ingiustizia, in ogni parte del mondo. Un documento sull'immagine e sul mito, ma anche sul degrado della nostra società.

The video was filmed for inclusion in an international convention and explores the myth of Che Guevara from the starting point of a Roman suburb, Tor Bella Monaca, where a social centre carries the name of the guerrilla leader. Portraits and opinions from the neighbourhood are alternated with archive material, while the words of Che – and finally those of the district's inhabitants, too – appear quickly and rhythmically on the screen, one word after another. However, the video is also intended as a reflection on the image of Che, on the contradictions (often the connivance) between fashion and the marketplace on the one hand, and the genuine heritage of the ideals and the struggle of Che. Massimo Canevacci, a cultural anthropologist, speaks of the power of Korda's celebrated photograph, but also of the significance of its vast, but somehow "desecrating" mass circulation. A street seller loaded down with T-shirts tells us that "out of Che Guevara and Di Caprio, the one who sells best is Che". The Bolivian Sierra and the Roman outskirts, where everything seems "made on purpose to desegregate", join hands in the search for the topical value of a struggle against injustice of all kinds, all over the world. A document of image and myth, but also of the degradation of our society.

Fluid Video Crew è il nome del collettivo di produzione audiovisiva romano, formato da Davide Barletti (Lecce, 1972), Edoardo Cicchetti (Roma, 1973) e Mattia Mariani (Roma, 1973). Obiettivo del gruppo, molto attivo, mobile e presente sul territorio -anche nazionale- è usare il mezzo video per partecipare, documentandoli, agli eventi del mondo giovanile e della capitale (cortei, occupazioni, musica). Tra le loro realizzazioni ci sono i video *C.S.O.A. La Torre, Videocronaca di uno sgombero*; *In diretta dal mondo della morte vi parla Mumia Abu Jamal*; *Shqiperia (Albania)*, del 1997, premiato al festival Arcipelago a Roma. I Fluidi, come più brevemente si chiamano, animano e organizzano anche eventi culturali, come il festival video al Forte Prenestino a Roma.

Fluid Video Crew is the name taken by the Rome audiovisual production collective founded by David Barletti (Lecce, 1972), Edoardo Cichetti (Rome, 1973) and Mattia Marini (Rome, 1973). The objective of this very active group, which works both in Rome and throughout Italy, is to use the video medium to take part in and create a visual record of events in the capital involving youth culture, such as demos, squats and gigs. Among their productions so far are the videos C.S.O.A. La Torre, Videocronaca di uno sgombero, In diretta dal mondo della morte Vi parla Mumia Abu Jamal and the 1997 Shqiperia (Albania), a prize-winner at the Arcipelago festival in Rome. The "Fluid" as the group call themselves, also animate and organize cultural events, such as the video festival at the Forte Prenestino in Rome.

Dei Fluid Video Crew nell'archivio Invideo: *Ambrakovsky; Psikedelikvideos nomsistem*

NELSON HENRICKS
Time passes

Canada, 1998, 7'

Immagini, testo e suoni/Images, Text and Sound: Nelson Henricks

Assistenti video/Video Assistant: Henri-Louis Chalem, Yves Doyon

Assistenti audio/Sound Assistant: Martin Hurtubise, Steve LeBrasseur, David Michaud

Post-produzione video/ Video Post-production: La Bande Vidéo (Québec)

Post-produzione audio/ Sound Post-production: Avatar (Québec), Prim (Montréal)

Nelson Henricks (Alberta, Canada, 1963) si è laureato a Calgary in Storia dell'arte e recentemente, all'Università di Montreal, ha preso una laurea in cinema. Realizza video dal 1985, e nel 1993-4 ha girato alcuni cortometraggi e film sperimentali. Spesso è autore anche della musica. Il Festival internazionale di videoarte "L'immagine leggera" di Palermo gli ha dedicato nell'ottobre 1998 una retrospettiva, presentando per la prima volta le sue opere in Italia. Dal 1991 Henricks vive a Montreal, dove insegna "Storia e teoria del video". Ha curato, con Steve Reinke, l'antologia *By the skin of their tongues* (Ontario Arts Council, Toronto 1997), che raccoglie alcuni saggi e vari testi di filmmakers e autori video indipendenti canadesi.

Nelson Henricks was born in Alberta, Canada, in 1963. After reading history of art at Calgary, he recently took a second degree in cinema at the University of Montreal. He has been making videos since 1985, and in 1993-94 shot a number of short features and experimental films. He has often written the music for his own work. The L'immagine leggera *international video art festival at Palermo dedicated a retrospective to Henricks in October 1998, introducing his works to Italy for the first time. Since 1991 Henricks has lived in Montreal, where he lectures on the History and Theory of Video. With Steve Reinke he was the editor of* By the Skin of Their Tongues *(Ontario Arts Council, 1997), a collection of writings and essays by various Canadian independent video artists and filmmakers.*

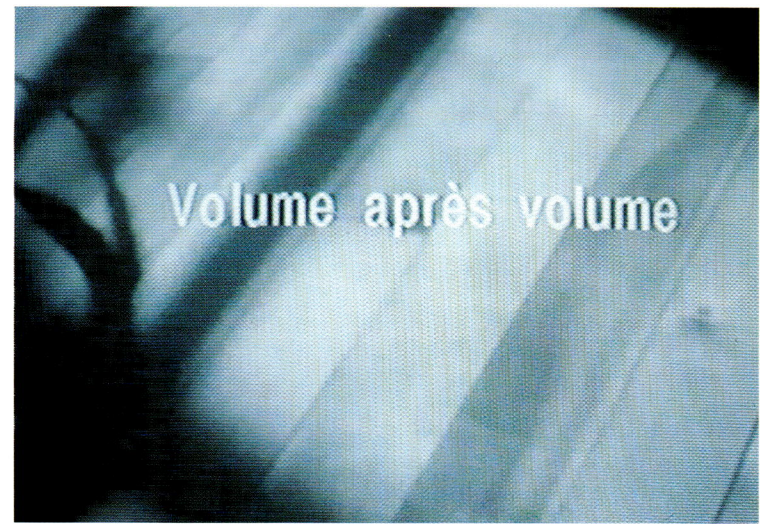

Paesaggi interni ed esterni, variazioni di luce, bianco e nero e colore. Ombre e dettagli di una stanza. Fuori campo il rumore di una penna sul foglio; e le sue immagini corpose (l'inchiostro, il pennino, la carta). I libri, l'incessante scrittura come metodo di autoconservazione mentre "il tempo passa". Il video circola sia in versione inglese che francese.

"Cerco di combinare gli obiettivi delle avanguardie storiche con la cultura popolare per creare un'unica ibridazione che valorizzi la sperimentazione e l'innovazione pur rimanendo accessibile ad un vasto pubblico (...) Cerco di creare un piccolo spazio di fuga, che permetta all'osservatore/ascoltatore di riflettere e interpretare - il che sembra essere una rarità e un lusso nella società contemporanea." (Nelson Henricks, Catalogo "L'immagine leggera", Palermo 1998)

"Un'opera che illustra l'intersezione di vettori di tempo personali e oggettivi, una frenetica e compatta registrazione di una vita vissuta per dar forma all'inchiostro versato." (John Zeppetelli, catalogo "L'immagine leggera", Palermo 1998)

Internal and external passages, variations in light, black and white and colour. Shadows and details of a room. Out of the frame, the noise of a pen on paper; its bodily images (ink, pen nib, paper...). Books, ceaseless writing as a method of self-preservation while "time passes". The video has been distributed in both French and English versions.

"I try to combine the goals of the historical avant-garde with popular culture to create a unique hybrid that values experimentation and innovation while remaining accessible to general audiences (...) I attempt to create a small fugitive space that allows the viewer/listener to reflect and interpret – something that seems both a rarity and a luxury in contemporary society." (from the catalogue to L'immagine leggera, *Palermo 1998)*

"A work illustrating the intersection of personal and objective vectors of time, it is the frantic, compacted record of a life lived to make a shape from spilt ink." (John Zeppetelli, from the catalogue to L'immagine leggera, *Palermo 1998)*

MIKE HOOLBOOM
In My Car

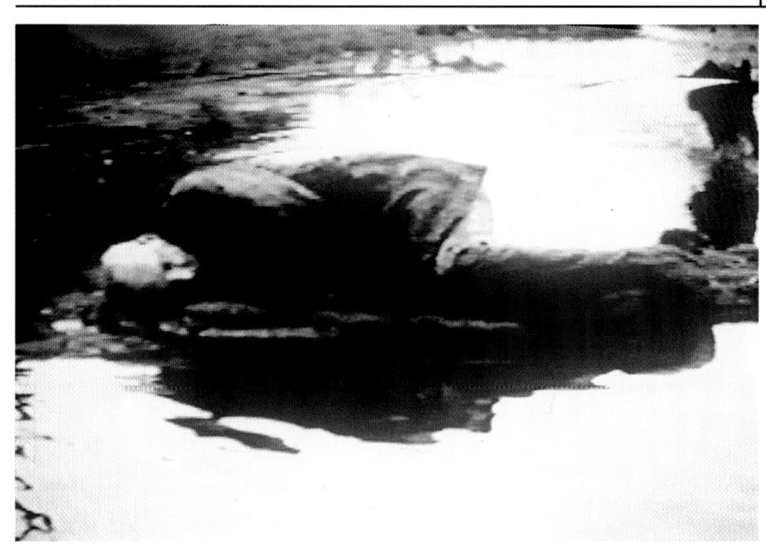

Canada, 1998, 5'30"

Regia, sceneggiatura, produzione, edizione/Producer, director, writer, editor: Mike Hoolboom

Operatore avid/Avid operator: Dennis Day

I testo del video appare solo sullo schermo, senza essere letto, mentre scorrono le immagini in bianco e nero, che mostrano l'itinerario individuale e sociale di un'infanzia negata. Musica classica e citazioni di Tarkovskij completano il lavoro, inquietante e lirico, sospeso fra documento, immagini di repertorio, narrazione. *In my car* ha ricevuto il Premio speciale della giuria alla terza edizione del Festival "L'immagine leggera" di Palermo con queste motivazioni: "il video riesce a raccontare una storia caratterizzata da un autobiografismo visionario raccontato con sintesi ed efficacia grazie a un uso calibrato di memorie cinematografiche, musica e scrittura".

"La mia famiglia era cattolica, la chiesa viveva dentro di noi come una voce di fondo, anche se i miei genitori si parlavano appena. Avevo sette fratelli e sorelle. Quando avevo sei anni, scarseggiando di geografia, mio padre mi chiese di vivere nell'auto di famiglia. I miei occhi diventarono lo specchietto retrovisore, i piedi i pedali, la bocca il volante..." (dal testo del video)

T he words of the video only appear on the screen without being read, while the images roll in black and white, showing the entire social and individual itinerary of a childhood denied. Classical music and references to Tarkovsky complete this disturbing and lyrical video, suspended between documentary, archive material, narrative. In My Car received the Special Jury Prize at the 3rd L'immagine leggera Festival in Palermo, with the following motivation: "the video succeeds in telling a story of visionary autobiography, recounted succinctly and effectively thanks to the balanced use of cinema recollections, music and text".

"My family was Catholic, the church lived in us, like a rumor, so even though my parents barely spoke to each other, I had seven brothers and sisters. When I was six, lacking all geography, my father asked me to live in the family car. In time, my eyes became the mirror, my feet the pedals, my mouth the steering wheel..." (from the text of the video)

Mike Hoolboom (Toronto, 1959) è uno dei più importanti autori indipendenti canadesi. Nel 1980 ha formato il gruppo White Noise Laboratories, a Toronto, specializzato in spettacoli di strada, ed è uno dei membri fondatori del Pleasure Dome (1989). Ha pubblicato numerosi saggi e articoli sul cinema. Dal 1980 ha realizzato oltre 40 film presentati in tutto il mondo. Il suo film in 16mm, *Letters from home*, ha vinto il primo premio per il cortometraggio al Toronto International Film Festival nel 1996 ed è stato premiato internazionalmente. Hoolboom lavora in genere sui confini fra corpo e mondo, desiderio e politica, violenza sociale e pulsioni individuali.

Mike Hoolboom, born in Toronto in 1959, is one of Canada's most important independent filmmakers. In 1980 he formed White Noise Laboratories, a Toronto street-performance group. He is a founding member of Pleasure Dome (Toronto 1989) and has published over fifty articles on cinema. Since 1980 he has made over 40 films which have been exhibited widely all over the world. His 16mm film Letters from Home won the Best Canadian Short Film Award at the Toronto International Film Festival in 1996, together with other international awards. Hoolboom's work generally concentrates on the confines between the body and the world, desire and politics, social violence and individual drives.

LYDIE JEAN-DIT-PANNEL
Sept Chants

Francia/France, 1997, 7 x 24"

Realizzazione/Directed by:
Lydie Jean-Dit-Pannel

3D: Patrick Zanoli

Montaggio/Editing: Marie-Laure Florin

Suono/Sound: Gilles Marchési

Produzione/Production:
CICV-Centre de Recherche
Pierre Schaeffer

Lydie Jean-Dit-Pannel (Montbéliard, Francia, 1968) ha seguito i corsi dell'Ecole de Beaux Arts di Dijon, dove si è diplomata nel 1991. Fin dagli esordi, il suo lavoro è stato diffuso e premiato in Francia, dove questa giovane autrice è stata seguita con interesse e curiosità dai critici, in particolare Jean-Paul Fargier, che ha apprezzato le sue "dichiarazioni d'amore al cinema fatte dal video", i richiami alle avanguardie e la corrispondenza intrapresa e intrattenuta dall'autrice per sei anni, dal 1989, con il pioniere del video (ed esponente del Fluxus) Wolf Vostell. I lavori di Lydie Jean-Dit-Pannel si caratterizzano per un ricorso all'autobiografismo ironico e per un'applicazione al video delle tecniche del collage. Segni, simboli, mode vengono composti e assemblati in diari personali ed epocali colorati e ammiccanti affidati al flusso del video.

Lydie Jean-Dit-Pannel was born in Montbéliard in France in 1968. She studied at the Ecole des Beaux Arts in Dijon, where she gained her diploma in 1991. Her work has circulated with awarding-winning results from the first in France, where the career of this young filmmaker has received the closest appraisal on the part of the critics. Jean-Paul Fargier, in particular, has applauded her "declarations of love for the cinema made on video", her references to the avant-garde and her correspondence, undertaken in 1989 and maintained for six years, with the video pioneer (and member of Fluxus) Wolf Vostell. Lydie Jean-Dit-Pannel's works are ironically self-referential and make use of collage techniques in video. Signs, symbols, modes are composed and assembled in personal and period diaries that are entrusted to the coloured charms of the flow of video.

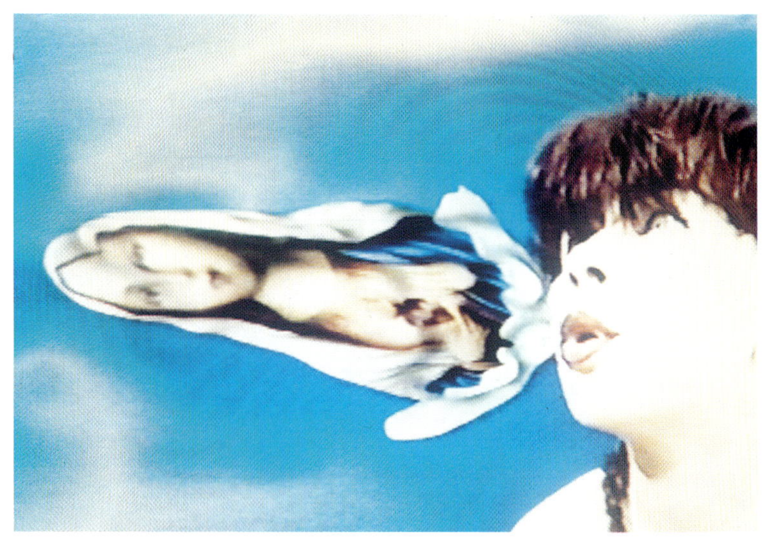

Autoritratto in veste di... L'autrice compone un colorato mosaico di apparizioni in cui si mette in scena, giocosamente, assumendo diverse "maschere" e attitudini. Gli effetti elettronici le permettono di comporre collages, come con figurine ritagliate, che si animano allusivamente. Una strizzatina d'occhio ai propri tic, alle nostre nevrosi, al microcosmo dei videoartisti...

"E insomma, per farla finita una volta per tutte, perché non cantare l'innocenza, il feroce amore, il profitto, il sesso, l'egocentrismo, la vita? Un ritratto-puzzle made in Lydie Jean-Dit-Pannel." (L'autrice)

***S**elf-portrait as a... The videomaker composes a coloured mosaic of apparitions in which she plays herself, teasingly, taking up a number of different "masks" or attitudes. Electronic effects permit collage compositions, like cut-out figures, which are allusively animated. With a nod and a wink to her own nervous ticks, our neuroses and the microcosm of video artists...*

"To get it over with, why not sing about innocence, ferocious love, profit, sex, egocentricity, life? A puzzle portrait made in Lydie Jean-Dit-Pannel." (The director)

MICHELLE LIPPITT

A Box for Keeping

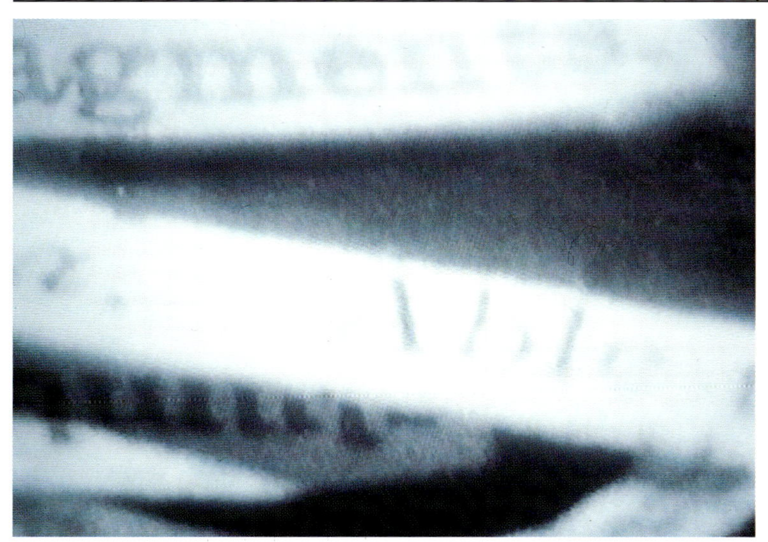

USA, 1998, 10'

Regia, riprese, suono, montaggio/ Photography, direction, editing and sound recording: Michelle Lippit

Nata negli USA, in Oklaoma, la giovane **Michelle Lippit** ha compiuto gli studi artistici in Texas. Qui inizia a realizzare film e video di taglio sperimentale, non narrativo, cercando di dare corpo e visibilità ai territori di ciò che chiama "l'inesprimibile". Il suo lavoro è stato presentato in varie gallerie e rassegne statunitensi e comincia ora a circolare anche fuori dagli USA.

Born in Oklahoma, USA, young filmmaker **Michelle Lippitt** *trained in the cinema in Texas, which is where she began making experimental, non-narrative films and videos, attempting to give body and visibility to the territories of what she calls the "inexpressible". Her work has been shown in various galleries and festivals in the U.S. and is now beginning to circulate outside America.*

Le scritte arrivano incerte, fluttuanti, su striscioline, come nastri, ritagli di memorie. In un bianco e nero morbido e sfumato, dettagli di volti, di oggetti. Colori, viraggi e il suono di un pianoforte mischiato a rumori evocativi (le cicale...) arricchiscono i frammenti delicati e allusivi di un inventario esistenziale. Alla fine la scatola dei ricordi si chiude. Il 19° Videoart Festival di Locarno ha attribuito un premio al video con queste motivazioni: "Questa giovane artista affronta con grande semplicità la resa in immagini della scrittura, evocazione poetica che rinvia all'immaginario, 'perso in un mare di parole'. L'opera si costituisce come una poesia per immagini..."

"A box for keeping è un video in cui continuo la mia esplorazione di paesaggi emozionali. Questo paesaggio, in particolare, è caratterizzato da riserbo e isolamento, e dal finale scatenamento liberatorio di paura e desiderio. Frammenti di parole, infine, confluiscono nella metafora, oggetti si rivelano e si sviluppano e qualcosa, alla fine, è rimasto incompiuto. Questo scioglimento, questo scardinamento dell'io rivela il cuore dell'opera: una indicibile vulnerabilità." (Michelle Lippit)

The inscriptions appear uncertain, wavering, on thin strips like ribbons, cut from memories. In a soft, blurred black and white, details of faces and objects. Colours, rapid changes and the sound of a piano mixed with evocative sounds (cicadas...) enrich the delicate and allusive fragments of an existential inventory. Until the box of memories finally closes. The 19th Videoart Festival of Locarno awarded a prize to this video with the following motivation: "This young artist tackles with great simplicity the problem of how to render writing in images, a poetic evocation which refers to the collective imagination, "lost in a sea of words". The work is a poem by pictures..."

"A Box for Keeping is a video-based work that continues my exploration of emotional landscapes. This landscape is one of containment and isolation, and the eventual unmooring and unhinging of fear and desire. Fragments of words eventually connect into metaphor, objects reveal themselves and evolve, and something, in the end, has come undone. This unravelling, unhinging of self reveals the heart of the piece: an unspeakable vulnerability." (Michelle Lippit)

VEIT-LUP
Entweder-Oder

Germania/Germany, 1997, 11'

Realizzazione/Directed by: Veit-Lup

Musica/Music: Lutz Glandien

Produzione/Production:
Elektroakustiche Musik der Akademic
der Künste, Artvideo A. Lux

Veit-Lup è nato in Germania nel 1960. Ha
studiato scienze politiche e filosofia
a Freiburg, a Vienna e nell'Irlanda del
Nord (qui, a Belfast, ha fatto studi di belle
arti). Realizza video, performance e
installazioni dal 1990, e dal 1992 vive a
Berlino. I suoi lavori sono stati presentati
in numerosi festival internazionali; con
una forte componente di ricerca visiva
e sonora, dispiegano riflessioni sul
rapporto col Sud del mondo, l'ecologia, il
maschilismo, la guerra, non con un taglio
documentario ma allusivo, allegorico e
surreale.

*Veit-Lup was born in Germany in 1960.
He studied political sciences and philosophy
at Freiburg, Vienna and in Northern
Ireland (where he also studied fine arts at
Belfast). He has been creating video,
performance art and installations since 1990
and since 1992 has lived in Berlin. His
work has been presented at numerous
international festivals; it is strongly tinged
with visual and sound research, and
contains reflections on the relationship with
the world's Southern nations, as on ecology,
sexism, war, but with an allusive, allegorical
and surreal approach rather than
documentary techniques.*

Di Veit-Lup nell'archivio Invideo:
Eia Pop Eia

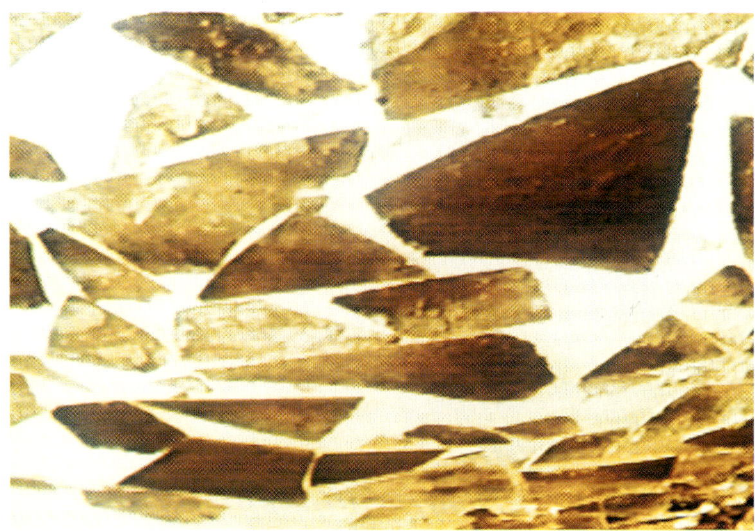

I video ritrae l'incedere non ben decifrabile di frammenti (di ghiaccio?) su un corso d'acqua. La rappresentazione, ravvicinata e senza riferimenti di scala, non ha alcun realismo e sembra un gioco di forme, come schegge di un mosaico in movimento. Variazioni di ritmo, di movimento e di disposizione (verticale-orizzontale) e leggere metamorfosi e sovrimpressioni creano un universo di difficile decifrazione, reso ancora più inquietante da un suono amplificato e rallentato che evoca il farsi e il disfarsi di forme ghiacciate. Rotazioni (come esplosioni della materia) e un brulichio quasi impercettibile, per flashes, di forze interne, conducono a un ritmo sempre più velocizzato che si risolve in azioni pittoriche.

"Sul fiume Oder, dalle leggere increspature, nella terra dell'abbondanza, si trova il segnale di confine; e forse gioca il ruolo più importante. Per il resto la musica suona, disorientando le strutture che scivolano sull'acqua e che tentano di spingersi all'estremo limite fra il 'neppure' e l' 'oppure'. Per favore, un salto indietro! Il disgelo porta direttamente al ghiaccio nero, solo per annegare nella musica." (Veit-Lup)

The video portrays the progression in a stream of water of fragments that are not clearly identifiable (ice perhaps?). The representation is in close-up without any references for scale and abstains from realism, seeming to be a play of shapes, like shards of a moving mosaic. Variations in rhythm, movement and disposition (vertical/horizontal), plus slight metamorphoses and superimpositions, create a universe which is difficult to decipher and made even more disquieting by an amplified and slowed-down audio accompaniment which evokes the formation and de-formation of ice shapes. Rotations (like explosions of matter) and flashes of an almost imperceptible swarming of internal energies progressively speed up the rhythm into pictorial gestures.

"On the shortwaved river Oder, in the land where milk and honey flows, stands the border post; perhaps playing a major part. Otherwise the music plays up and confuses the gliding structures, attempting a brinkmanship between neither-nor and either-or. Single spring backwards please! The thawing leads directly to black ice – only to drown in music." (Veit-Lup)

FRANCESCA MARCONI-MARINA SPADA

Dove si guarda c'è quello che siamo

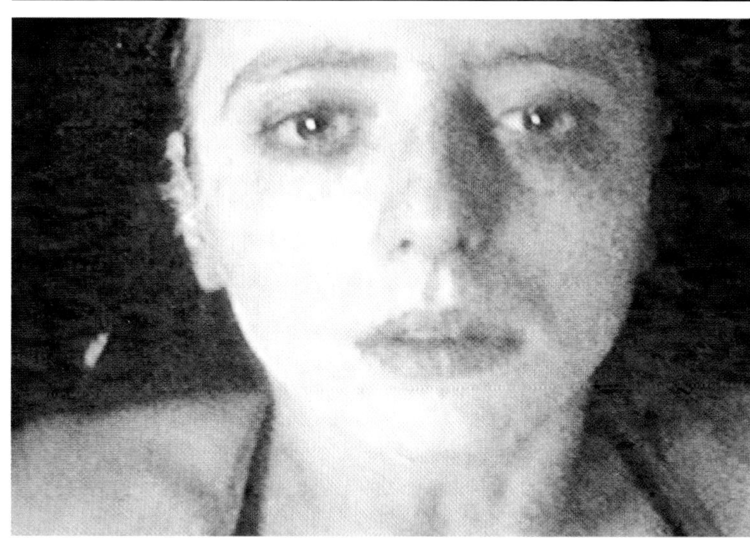

Italia/Italy, 1998, 9'

Regia/Directed by: Marina Spada

Sceneggiatura/Written by:
Francesca Marconi, Marina Spada

**Direttore della fotografia/
Director of photography: :**
Luciano Baresi

Coreografia/Choreography:
Francesca Marconi

Testo/Text: Mariangela Gualtieri

Scene/Set design: Diego Roveroni,
Luca Attilio Sartori

Montaggio/Editing: Luca Alverdi,
Gianandrea Tintori

Concezione sonora/Sound concept:
Massimo Villa

Produzione/Production: Civica Scuola
di Cinema, in collaborazione con Scuola
d'arte drammatica Paolo Grassi, Milano

I l video è frutto non solo della collaborazione fra Francesca Marconi e Marina Spada, ma anche fra la Civica Scuola di Cinema e la Scuola d'arte drammatica Paolo Grassi: l'incontro, insomma, di giovani allievi di cinema con la creazione scenica e il lavoro attoriale, e viceversa. "Mondi diversi -scrive Marina Spada- che hanno potuto comunicare...". La coreografia allude a un cozzare di corpi contro ostacoli più o meno percettibili, alla necessità del silenzio, della diversità, del sogno.

"Ho pensato alla cinepresa come a un confine, ricercato o trovato per caso non ha importanza, ma comunque sentito come tale, quello stesso limite che è il labirinto per il Minotauro, dentro cui ci si sente costretti e protetti allo stesso tempo". (Francesca Marconi)

"Frammenti di corpi che si espandono, cercano di sfondare il limite e poi cedono. E se fuori da quel confine non esistesse alcuna libertà?...Una sorta di silenzio intimo, che si dà senza pretese di vittoria e trionfalismi". (Le autrici)

Marina Spada, (Milano, 1957) diplomata alla scuola del Piccolo Teatro e laureata in Storia della Musica, gira e dirige documentari, cortometraggi, spot pubblicitari e videoclip. Insegna alla Civica Scuola di Cinema di Milano. Ha partecipato a numerosi festival italiani e stranieri, ottenendo vari premi.

Francesca Marconi si è diplomata in scultura all'Accademia di Belle Arti di Milano nel 1996, e alla Scuola d'arte drammatica Paolo Grassi. Ha svolto progetti di animazione con bambini e adolescenti in Italia, Nicaragua, Salvador, Chiapas, e con la compagnia Alme Scabre (di cui è cofondatrice) ha realizzato installazioni e performance.

T he video is the result of a cooperative effort, not just between Francesca Marconi and Marina Spada, but also between Milan's Cinema School and the Paolo Grassi drama college in the same city: An encounter between young apprentices in the cinema and scenic arts, and drama students. "Different worlds," writes Marina Spada, "which were able to communicate.." The choreography alludes to the collision of bodies against more or less perceptible obstacles, to the necessity for silence, diversity, dreaming.

"I thought of the camera as a border, whether sought after or found by accident doesn't matter, but felt as a border nonetheless, the same limit that the labyrinth was for the Minotaur, within which you feel constrained and protected at the same time". (Francesca Marconi)

"Fragments of bodies that expand, attempt to break through the limit and then give way. What if there were no freedom beyond that border?...A kind of intimate silence, offered up without any pretence of victory or triumphalism". (Francesca Marconi and Marina Spada)

Marina Spada *was born in Milan in 1957 and gained a diploma at the Piccolo Teatro drama school, as well as a degree in the History of Music. She directs and films documentaries, short subjects, advertising features and videos. She teaches at the Cinema School of the City of Milan. She has taken part in various festivals in Italy and abroad, obtaining several awards.*

Francesca Marconi *gained a diploma in sculpture at Milan's Academy of Fine Arts in 1996, and at Milan's Paolo Grassi School of Dramatic Arts. She has worked as an animateur with projects involving children and adolescents in Italy, Nicaragua, Salvador, Chiapas, and with the Alme Scabre company, of which she was a co-founder. She has also created installations and performance art.*

VAN MCELWEE

Luxor - A moment in hypereality

USA, 1998, 20'

**Ideazione e realizzazione/
Idea and direction:** Van McElwee

**Produttore associato/
Associated producer:** Lynnie McElwee

**Montaggio addizionale/
Additional editing:**
John Peel, Van Reidhead

Tecnico audio/Sound technician:
Brian Contestible

Post-produzione/Post-production:
Webster University, School of
Communication, St. Louis, Missouri

Lo statunitense **Van McElwee** realizza
video sperimentali fin dal 1976. Ha
ottenuto vari premi e borse di studio. "Il
mio lavoro - sostiene - esplora zone in cui
lo spazio e il tempo, l'ordine e il
disordine, diventano categorie artificiali.
Nei miei lavori, immagine e suono sono
due aspetti di un'unica composizione. Il
risultato è una forma di musica
sperimentale. Non ci sono storie
raccontate: il soggetto delle opere è lo
spettatore." È attualmente docente di
Media alla Webster University, St. Luis.

U.S. artist **Van McElwee** *has been
making experimental videos since 1976,
and has been the recipient of numerous
grants and awards. "My work," says
McElwee, "explores zones in which space
and time, order and disorder, become
artificial categories. In my works, image
and sound are two aspects of a single
composition. the result is a form of
experimental music. There are no stories
told: the subject of the works is the
viewer". He is currently Associate
Professor of Media at Webster University
in St. Louis.*

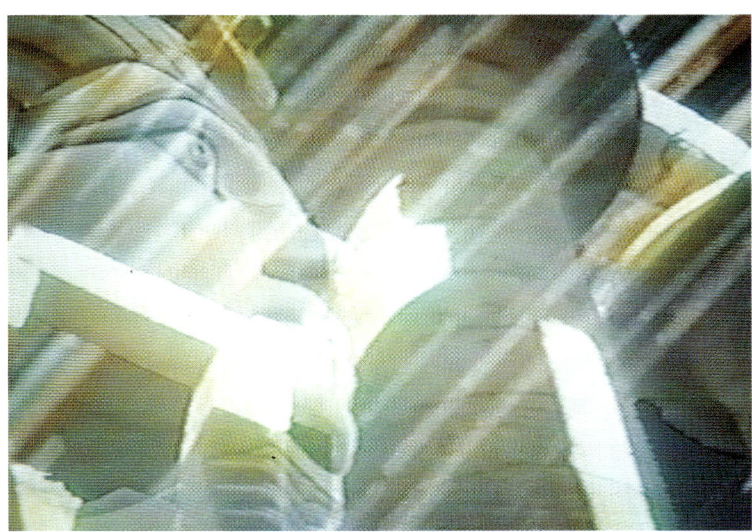

La Luxor vera, in Egitto, e la Luxor "finta" (ma iperrealistica)
costruita a Las Vegas, negli USA. Il simbolo della cultura e della
civiltà antica e il tempio del denaro, del gioco d'azzardo, dell'eterno presente. Sovrimpressioni di turisti, accostamenti di simboli,
transiti, segnali, pubblicità, i monumenti reali sovrapposti a quelli
"più veri del vero". Il trionfo del kitsch, che sconfina dalla finzione
alla realtà, invadendo con i suoi orrori anche la staordinaria bellezza dei luoghi antichi, divenuti anch'essi un "cliché". Una riflessione
per immagini e suoni sulla cultura e il turismo nell'epoca del totali-
tarismo del mercato.

"Luxor (Egitto) incontra Luxor (Las Vegas) invitandoci a interrogar-
ci sulla natura della realtà attraverso l'incrocio, la mescolanza, la
fusione di quella vera con la sua replica. Ognuno dei due mondi è
sospeso e poi ricreato nell'universo del video cosicché passato, presente e futuro si fondono in un unico istante elettronico vibrante.
Luxor diventa una sorta di indagine sulla cultura e sulla realtà, e si
conclude come una contemplazione dell'infinito". (Van McElwee)

*T*he real Luxor, in Egypt, and the "fake" (but hyper-real) Luxor
built at Las Vegas, USA. The symbol of ancient culture and civilization and the temple of money, gambling, the eternal present.
Superimpositions of tourists, shifting of symbols, transits, signs,
advertising, the real monuments merging with the ones "more real
than the real thing". The triumph of kitsch, overlapping from fiction into reality, its horrors invading even the extraordinary beauty
of the sites of antiquity, which themselves have become clichés. A
reflection in pictures and sounds on culture and tourism in the age
of market totalitarianism.

*"Luxor (Egypt) meets Luxor (Las Vegas), calling into question the
nature of reality through a folding, blending and meltdown of the
actual with its replica. Each world is suspended and then reborn in
the realm of video, as past, present and future merge into one pul-
sing electronic moment. Luxor begins as an investigation into culture and reality, and ends as a contemplation of the infinite."
(Van McElwee)*

RAPHAEL MONTAÑEZ ORTIZ
It's coming up

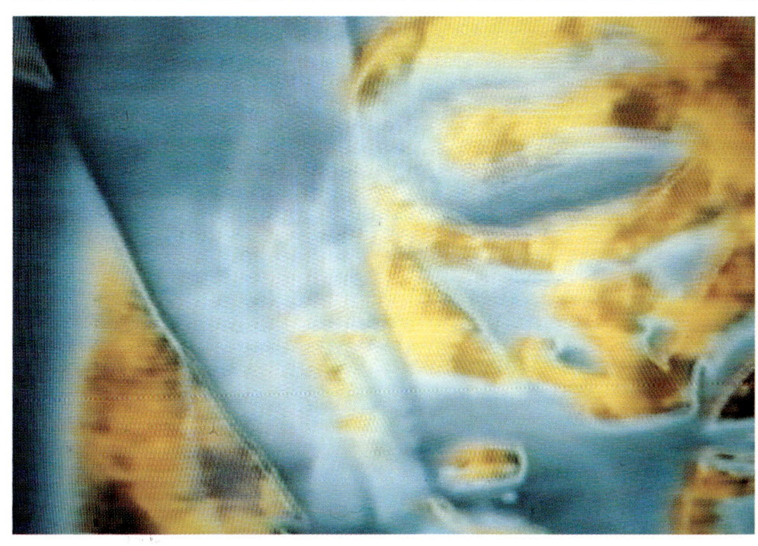

USA, 1997, 5'11"

Realizzazione, montaggio, suono, produzione/Direction, editing, sound, production: Raphael Montañez Ortiz

Raphael Montañez Ortiz realizza film sperimentali dalla fine degli anni '50, quand'era giovane studente a Brooklyn, e performance decostruttive, ispirate al movimento Fluxus e ai Dadaisti. Le radici di Ortiz risalgono, attraverso il Portorico, al Portogallo e alla Spagna e agli indios Yaqui, del Messico settentrionale. Passa poi al video e realizza, nel 1987, anche una videoinstallazione. Negli anni '80 scopre l'immagine digitale e il laser, e mette a punto una tecnica di "computer-scratch animation" che applica a spezzoni di film di genere: l'ossessiva ripetizione di un gesto o di un micro-avvenimento trasforma il senso del racconto e dell'immagine. Le opere di Ortiz sono conservate in numerosi musei e archivi sia negli USA che in Europa. Vive nel New Jersey, e insegna arti visive alla State University di New York.

In questo recente lavoro di Ortiz la ricerca sull'immagine dei vecchi film sembra estendersi e complicarsi: il colore si aggiunge al bianco e nero, il quadro si arricchisce con inserzioni e "finestre", sembra esplodere (e vediamo in effetti esplosioni, eventi aggressivi, ossessivi, un incalzante galoppare). Alle classiche tecniche scratch si affiancano solarizzazioni, allargamenti e riduzioni delle immagini, sovrimpressioni.

"Usando un procedimento di animazione computerizzata decostruttivo e non lineare, digitale, ho creato un dramma surreal-esistenziale che parla della fobia mitica dei Patriarchi di fronte al potere del Matriarcato, della Donna (Woman/Womyn) come dea di tutta la creazione e del piacere: in particolare cerco di rivelare il panico dei Patriarchi al suo cospetto. Il sotto-testo parla delle antiche nozioni patriarcali della risposta di Adamo a Eva e di come la fobia dei Patriarchi nei confronti dell'altro sesso abbia richiesto l'instaurazione di tabù e la demonizzazione delle donne (Women/Womyn) per cercare di limitarne e ridurne il potere." (Raphael Montañez Ortiz)

"Negli anni Ottanta, la sua scoperta delle possibilità di uso delle nuove tecniche digitali, laser e video come mezzi per spezzettare ritualmente -decostruendo e ricostruendo- momenti tratti dal cinema convenzionale, gli permette di inventare un procedimento quasi sedentario per rispondere 'violentemente' alla esplicita e implicita violenza psichica promossa e commercializzata dai media." (Scott MacDonald, "Raphael Montañez Ortiz", in *A critical Cinema - Interviews with Independent Filmmakers*, University of California Press, 1998)

"Vorrei spaccare i film con l'ascia di guerra e metterli nel sacchetto medicinale dello stregone. Lo scuoterei più volte, e il sacchetto diverrebbe per me un sonaglio, un sonaglio con cui salmodiare... Stavo imitando il rituale indigeno per trovarvi il mio ruolo. Dopo averlo imitato a lungo, e sentendomi a mio agio nel rituale stesso, solo allora riaprirei il sacchetto, tirerei fuori pezzi di film e li monterei a caso..." (Raphael Montañez Ortiz in Scott MacDonald, "Media Destructionism: the Digital/Laser/Videos of Raphael Montañez Ortiz, *The ethnic eye-Latino media arts*, a cura di Chon A. Noriega e Ana M. Lopez, University of Minnesota Press, 1996)

Raphael Montañez Ortiz *has been making experimental films since the late 1950s when he was a young student in Brooklyn, as well as creating deconstructive performance art inspired by the Fluxus and Dada movements. Ortiz' own roots go back to the Yaqui indios of Northern Mexico via Puerto Rico, Portugal and Spain. After turning to video, Ortiz also produced a video installation in 1987. In the 1980s he discovered digital and laser imaging and perfected a technique called 'computer-scratch animation' which he applied to sequences from genre movies: the obsessive repetition of a gesture or a minuscule event transforms the narrative meaning and the image. Ortiz' works are held by a number of museums and archives in both the USA and Europe. He lives in New Jersey, where he lectures in the visual arts at New York State University.*

Di Raphael Montañez Ortiz nell'archivio Invideo: *Dance number; Slam Dance*

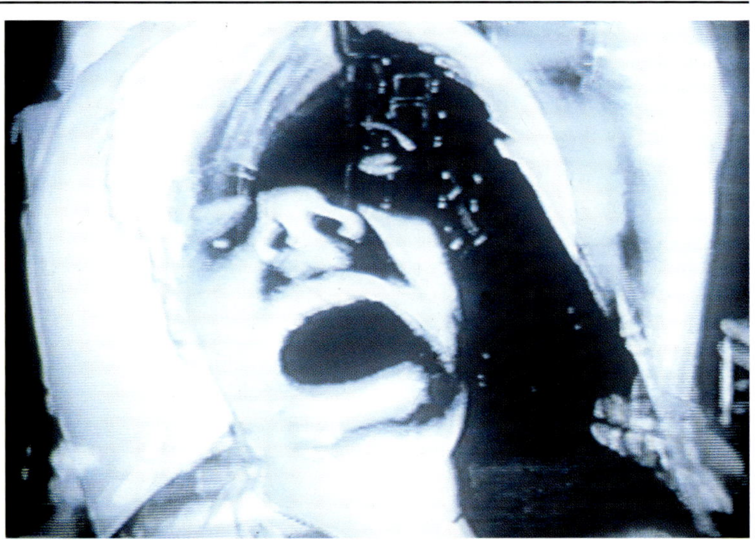

I n this recent work, Ortiz seems to extend and complicate his research into the image processing of old movies: colour is added to black and white, the picture is enriched by additions and 'windows', or seems to explode (and indeed we see explosions, aggressive, obsessive events, an urgent galloping). Classic scratch-animation techniques are joined here by image solarisation, enlargement and reduction, and superimposition.

"Using a de-constructive non-linear digital computer animation process, I have created a surreal-existential drama that speaks to Patriarchy's mythic-phobia of the power of Matriarchy, of (Woman(Womyn)) as Goddess of all Creation and Pleasure: in particular I seek to reveal Patriarchy's panic in its presence.
The subtext speaks to ancient patriarchal notions of Adam's response to Eve and patriarchy's hetero-gender phobia need to place taboos on and demonise (women (Womyn)) to contain and subdue their powers." (Raphael Montañez Ortiz)

"I would chop the films up with the tomahawk and put them into a medicine bag. I would shake it and shake it, and for me the bag would become a rattle, and I would chant with it… I was imitating indigenous ritual to find my place in it. When I imitated it long enough, and felt comfortable in it, then I would reach into the medicine bag, pull out pieces of chopped-up film, and splice them together." (quoted in Scott MacDonald, "Raphael Montañez Ortiz", in Media Destructionism: the Digital/Laser/Videos of Raphael Montañez Ortiz, The Ethnic Eye - Latino Media Arts, *edited by Chon A. Noriega and Ana M. Lopez, University of Minnesota Press, 1996)*

"And by the 1980s, his discovery of the possibility of using the new digital, laser and video technologies as a means of ritually shredding – deconstructing and reconstructing – moments from conventional cinema allowed him to devise an almost sedentary process for responding "violently" to the overt and implicit psychic violence promoted and marketed by the media." (Scott MacDonald, "Raphael Montañez Ortiz", in A Critical Cinema – Interviews with Independent Filmmakers, *University of California Press, 1998)*

JÜRGEN MORITZ·NORBERT PFAFFENBICHLER
Santora

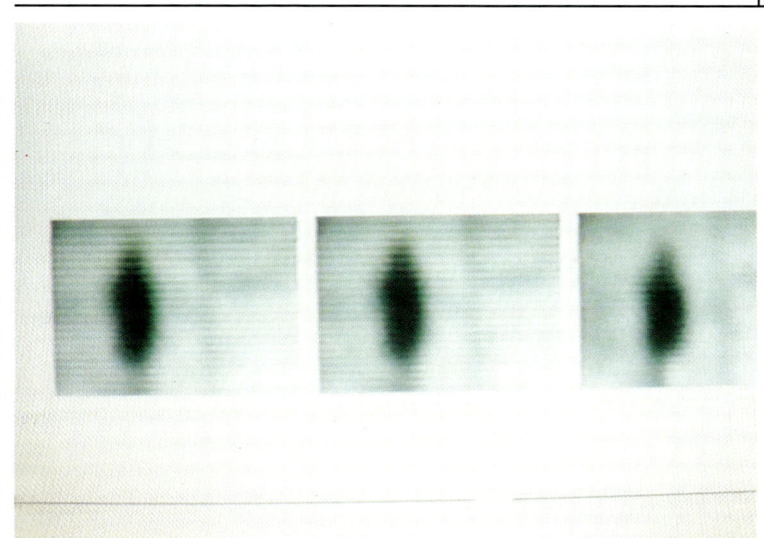

Austria, 1997, 5'

Realizzazione/Directed by:
Jürgen Moritz, Norbert Pfaffenbichler

Musica/Music: Christian Fennesz

Produzione/Production: Monoscope

Jürgen Moritz ha studiato comunicazioni di massa in Austria, all'università di Klagenfurt. Si è specializzato a Vienna, all'Accademia di Arti applicate, in pittura, animazione e grafica.

Norbert Pfaffenbichler studia all'Accademia di arti applicate a Vienna. Collabora con le attività del gruppo multimediale Monoscope. Attualmente è artista residente al Klangturm di St. Polten, dove svolge ricerche per il Dipartimento di immagine e suono.

Jürgen Moritz *studied mass communications at the University of Klagenfurt in Austria. He specialized in painting, animation and graphic design at the Academy of Applied Arts in Vienna.*

Norbert Pfaffenbichler *also studies design at the Academy of Applied Arts in Vienna. He works with the multimedia group Monoscope and is currently artist in residence at the Klangturm in St.Pölten, where he is carrying out research on behalf of the sound and image department.*

Il video esplora alcune combinazioni di forme geometriche costruendovi corrispondenze sonore. Sulla scia delle animazioni delle avanguardie storiche, ma anche richiamandosi al cinema strutturale, i due autori compongono un "quadro" che si evolve a partire da rettangoli che appaiono e scompaiono sullo schermo bianco. Lo sfondo chiaro, le "finestre" scure: in queste, passaggi a diverse velocità di una figura inquadrata dall'alto. Il suo tragitto diagonale, raddoppiato e rovesciato, costituisce un altro elemento geometrico e ritmico. L'immagine, presa da una vecchia pellicola, evoca nella sua impersonale ripetitività le telecamere di sorveglianza. Il suono, ossessivamente, ritma la variazione di forme sullo schermo.

"Il video è basato sul sistema metrico del numero 3, in corrispondenza con la colonna sonora di Christian Fennesz. Materiali cinematografici d'archivio; 3 zoom; 1-3 schermi paralleli; ritmo visivo; montaggio metrico; riduzione; pulsazione elettronica; deviazione della vista; ombre." (J. Moritz e N. Pfaffenbichler, Catalogo della 3a edizione de "L'immagine leggera", Palermo 1998)

The video explores combinations of geometrical forms, building up corresponding sounds. Conscious of their roots in historic avant-garde animation, but at the same time drawing on structural cinema, the two filmmakers compose a 'picture' which evolves from rectangles that appear on and disappear from the blank screen. White background, dark 'windows', in which a figure seen from above passes through at various speeds. His diagonal passage, doubled and inverted, becomes another element of geometry and rhythm. The image, taken from an old film, evokes those of closed-circuit surveillance cameras by its impersonal repetitiveness. The sound obsessively paces the variation in form on the screen.

"The video is based on the metric system of the number 3, in correspondence with the sound track by Christian Fennesz. Archive cinema footage; 3 zooms; 1-3 parallel screens; visual rhythm; metric editing; reduction; electronic pulsation; deviation of sight; shadows." (J.Moritz and N.Pfaffenbichler, catalogue to the 3rd edition of L'immagine leggera, Palermo 1998)

MARCUS NASCIMENTO
Memoria

Brasile/Brazil, 1998, 1'50"

**Creazione e direzione/
Idea and direction:** Marcus Nascimento

Fotografia/Cinematography:
Evandro Rogers

Montaggio/Edit:
Sidney Vieira, Marcelo Reis

Produzione/Production: EMVIDEO

Partecipazione speciale/Special guest:
D. América

Narratore/Narrator:
Carlos Drummond De Andrade

Audio/Sound: Polygram

Poesia "Memoria"/Poem:
Claro Enigma-Editora Record

Traduzione/Translation: Homepage
"Drummond-Alguma Poesia"

Marcus Vinicio Araújo Nascimento
(Belo Horizonte, Brasile, 1961) è un
produttore video indipendente
(ha collaborato a fondare la casa di
produzione EMVIDEO): attivo anche
come sceneggiatore, regista di video
industriali, ducumentari e campagne
educative per la TV. Ha realizzato negli
ultimi anni vari video e installazioni
ed è stato autore dei testi del video
di Eder Santos *Janauba*.

*Marcus Vinicius Araújo Nascimento
was born in Belo Horizonte, Brazil, in
1961. An independent video producer
(and co-founder of the Emvideo
production company), he also works as
a scriptwriter and director of industrial
videos, documentaries and educational
campaigns for television. In recent years
he has made a number of videos and
installations. as well as writing the script
for Eder Santos' video* Janaúba.

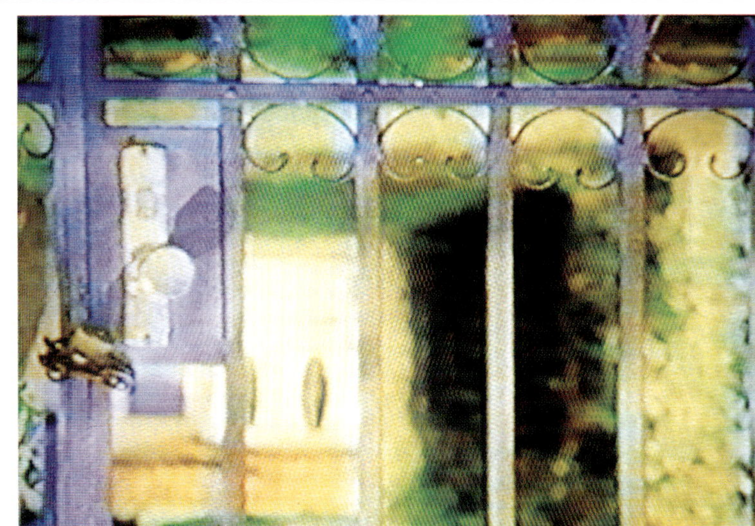

Memoria è basato su una poesia di Carlos Drummond de Andrade, uno dei più importanti poeti brasiliani di questo secolo. Il video, brevissimo, è delicato, evocativo e sobrio, e affida al poeta la lettura fuori campo del testo.

"Come ogni video poema, *Memoria* si propone l'interpretazione visiva di un testo poetico. Il testo è detto dall'autore stesso (Drummond de Andrade) e le immagini mostrano in modo reiterato la precarietà materiale della realtà costruita dagli uomini. Ma allo stesso tempo valorizza la persistenza dell'esperienza umana, che si annida negli anfratti reconditi della memoria." (Marcus Nascimento)

Memória is based on a poem by Carlos Drummond de Andrade, one of Brazil's most important 20th century poets. This very brief video is delicate, evocative and sober, entrusting to the poet himself the voice-over reading of the text.

Like all video poems, Memory *proposes a visual interpretation of the poem, here by Carlos Drummond de Andrade. The text is read by the poet and the images reiterate the material precariousness of man-made reality, at the same time giving value to the permanence of human experience, present and lodged in the recesses of memory.
(Marcus Nascimento)*

VALÉRIE PAVIA
Sofia

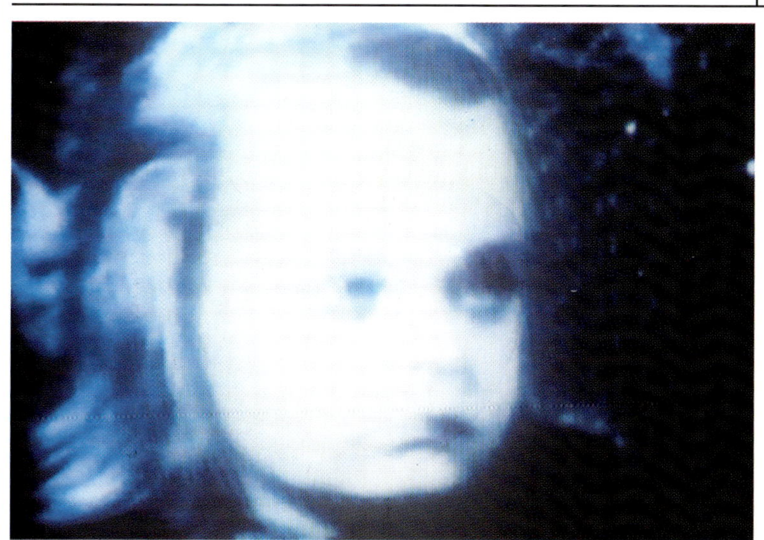

Francia/France, 1998, 17'

**Riprese, montaggio, regia, produzione/
Photography, direction, editing,
production:** Valérie Pavia

Valérie Pavia (Montpellier, Francia,
1970) ha fatto studi di diritto e scienze
politiche (si è laureata in diritto pubblico
nel 1990 con una tesi su "Arte e libertà")
e, all'Università di Bordeaux, si è
specializzata in comunicazione, arte e
spettacolo. Fa video dal 1994, e le sue
opere sono state presentate in vari festival
francesi, in Marocco, in Canada. Nella
sua produzione più recente troviamo
molti ritratti. Vive e lavora a Parigi.

*Valérie Pavia was born in Montpellier
in 1970. Studying law and political
sciences, she graduated in public law with
a thesis on "Art and Freedom" in 1990
before specialising in communications, art
and entertainment at the University of
Bordeaux. She has been making videos
since 1994, and her work has been
presented at various French festivals, and
also in Marocco and Canada. Her most
recent productions have included many
portraits. She lives and works in Paris.*

"**C**era una volta una città che non sapeva chi era..." Comincia così, con una frase tracciata da grafia infantile, il ritratto di Sofia, Bulgaria. Senza parole, ma con un sonoro che mescola il rumore del traffico, echi di musiche raccolte per strada, un brusio continuo alternato a improvvisi silenzi, il video coglie frammenti della città: animali e monumenti, parchi, aree abbandonate, scene di strada, musicanti anonimi, la poesia o il mistero di un gesto. Immagini in bianco e nero e virate si alternano a brevi sprazzi di colore, e insegne dal sapore antico convivono con i simboli post '89 del capitalismo, dalla Coca Cola al Mc Donald's.

"Nel gennaio 1996, vengo ingaggiata come assistente realizzatrice per un lungometraggio bulgaro di finzione. Al mio arrivo all'areoporto di Sofia la produttrice mi annuncia che l'attore principale ha avuto una crisi cardiaca. Le riprese sono annullate e non riesco ad anticipare il rientro. Mi ritrovo completamente sola in questa città caotica, a vagabondare giorno dopo giorno. Per fortuna avevo con me la telecamera. ...Nel 1998 monto le immagini, e ne risulta questo ritratto di città presa fra due mondi..." (Valérie Pavia)

"***O****nce upon a time there was a city which didn't know who it was..." These are the opening words, traced in a childish hand, of her portrait of the Bulgarian capital Sofia. With no dialogue, but with a soundtrack that mixes traffic noise, echoes of music collected in the street, a constant hum interrupted by sudden silences, the video picks up fragments of the city: animals and monuments, parks, decaying areas, street scenes, nameless musicians, the poetry or mystery of a place. Images in black and white alternating abruptly with splashes of colour, and old-fashioned signs which still survive alongside the symbols of capitalism, from Coca-Cola to Mc Donald's.*

"In January 1996 I was taken on as assistant director for a Bulgarian full-length fiction feature. When I arrived at the airport in Sofia, the producer told me the leading player had had a heart attack. Shooting was cancelled, but I had no way of leaving earlier than planned. I found myself left to my own devices, wandering about for days in this chaotic city. Luckily I had my video camera with me. ...In 1998 I edited the material, and the result is this portrait of a city caught between two worlds...". (Valérie Pavia)

ALIX PEARLSTEIN
Partners

USA, 1998, 19'50''

Regia, performance/Camera, performer:
Alix Pearlstein

Montaggio on line/On line editor:
Darko Lungulov

Alix Pearlstein (New York, USA, 1962).
Si è laureata e specializzata alla Cornell
University e all'Università di New York.
Ha ricevuto numerose borse di studio e
riconoscimenti per i suoi video (in cui
recita lei stessa) che mettono in scena
rappresentazioni di situazioni mentali:
"ne risulta -scrive Pearlstein- una
narrativa astratta, che somiglia di più a
un flusso di coscienza strutturato, che
funziona per associazioni. I riferimenti
spaziano dai media e dalla cultura
popolare al linguaggio, alla psicologia, e
alla fantasia non adulterata... il sublime e
il ridicolo si tengono per mano." Vive a
New York, e realizza sculture,
installazioni e performance presentate
internazionalmente.

*Alix Pearlstein was born in New York
in 1962. She took a degree at Cornell
University before specialising further at the
University of New York. She has received
numerous study grants and awards for her
videos, which are enactments of mental
situations in which she herself is the
actress. "What results," as she puts it, "is
an abstract narrative, much like a
structured stream of consciousness, which
functions through association. References
range from media and popular culture to
language, psychology, and unadulterated
fantasy… The sublime and the ridiculous
go hand in hand."
Pearlstein lives in New York. Her
sculptures, installations and performance
art have been exhibited internationally.*

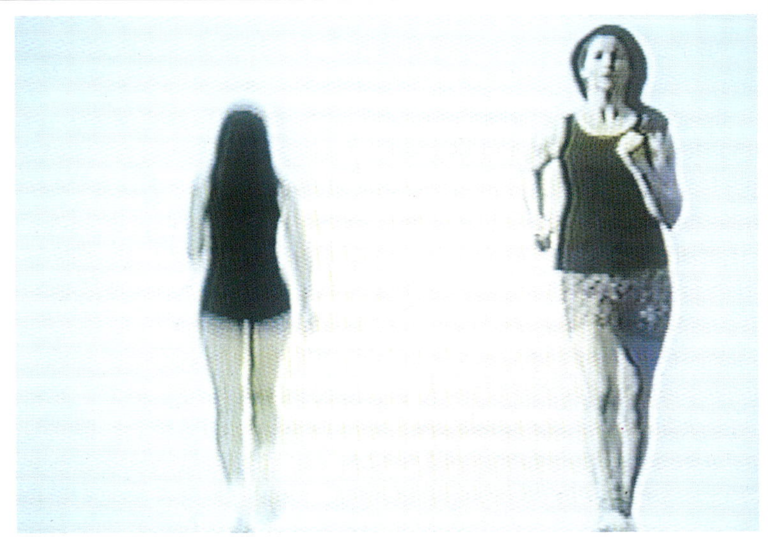

Il video mette in scena situazioni di rapporti interpersonali caratterizzati in genere dall'equivoco e dalla difficoltà di comunicare. La performer cerca di rapportarsi a personaggi con figure bidimensionali, ritagliate come figurine, sospese in varie attitudini: il confronto fra l'attrice in carne ed ossa e le iperrealistiche sagome inattingibili crea situazioni surreali, di tragicomica e banale quotidianità. Il video, apparentemente semplice, si richiama alla tradizione della pop-art e della body art, fondendole con osservazioni antropologiche e studi prossemici.

"*Partners* prosegue ed estende la mia indagine sul ruolo dell'immagine fissa in media basati sul tempo, e confronta letteralmente una figura che agisce realmente con una ritagliata nella carta. Queste persone a due dimensioni agiscono come partners-surrogato della performance, presentando un'ampia gamma di identità con cui io interagisco, reagendo a (e specchiandomi in) una serie di tentativi di entrare in contatto con l'altro fisicamente, psicologicamente ed emozionalmente" (Alix Pearlstein, testo inedito di commento al video)

*T**he video enacts situations of interpersonal relationships, typically characterised by ambiguity and inability to communicate. The performer tries to relate to two-dimensional figures, like cut-out characters, suspended in a variety of attitudes. The confrontation between the flesh-and-blood actress and the hyper-realistic but unapproachable silhouettes creates situations that are surreal, tragicomic or just banal and everyday. This deceptively simple video goes back to the traditions of pop-art and body art, fusing them with anthropological observations and proxemic studies.*

"Partners continues and extends my research into the role of the fixed image in time-based media, it is literally a confrontation between a real figure and the cut-out ones with whom she interacts. These two-dimensional personae act as surrogate partners in the performance, presenting a broad range of identities with whom I interact, reacting to (and reflecting myself in) a series of attempts to make contact with the other physically, psychologically and emotionally." (from an unpublished comment on the video by Alix Pearlstein)

MONICA PETRACCI
Riflessi

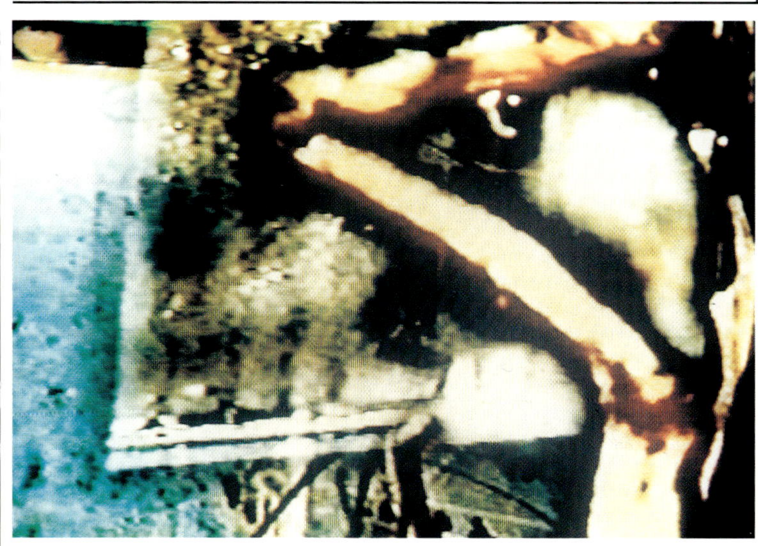

M onica Petracci si muove, nelle sue videocreazioni, sui confini fra teatro, letteratura, finzione, combinando l'elaborazione delle immagini con elementi ed echi poetici, diaristici, talvolta surreali e inquietanti, mai espressi "a tutto tondo" ma sempre allusivi, enigmatici. Paesaggi, interni domestici o scenografie fantastiche accompagnano narrazioni sospese. Qui il tessuto fitto, elaborato quasi pittoricamente, delle metamorfosi visive e della successione dei volti, delle stanze, degli oggetti, si accompagna a una voce fuori campo che recita con tono allucinato e inquieto pagine di diario, avvenimenti e frammenti di vita quotidiana, inventari di gesti da compiere, pensieri.

"La mia casa è vuota, vetro nel sole, riflesso vivo, immobile. Raccoglie immagini segrete che un giorno mi faranno impazzire."
(Monica Petracci)

M onica Petracci's video creations move along the boundaries between theatre, literature and fiction, combining image processing with elements and echoes of poetry, diary form, sometimes surreal and disquieting, never expressed straightforwardly but always allusive, enigmatic. Landscapes, domestic interiors or fantastic sets form the backdrops to suspended narration. Here the close, almost pictorially woven texture of visual metaphors and the succession of faces, rooms, objects, is accompanied by a voice over which recites in a preoccupied, hallucinatory tone diary pages, events and fragments of daily life, inventories of actions to be taken, thoughts.

"My house is empty, glass in the sun, a living immobile reflection. It collects secret images which one day will make me go mad."
(Monica Petracci)

Italia/Italy, 1998, 8'

Realizzazione/Directed by:
Monica Petracci

Voce e testi/Voice and texts:
Gabriella Rusticali

Volti/Faces: Carlotta Giunchedi, Monia Lippi, Claudia Pedriali, Monica Petracci, Sauro Rossi, Gabriella Rusticali, Stella, Try

Produzione/Production:
Monica Petracci

Monica Petracci (Forlì, 1964) ha fondato nel 1989 con altre due collaboratrici la società di videoproduzione Tecniche Blu. Ha realizzato documentari, spot pubblicitari, video clip, video teatrali e numerose produzioni indipendenti, fra cui una videoinstallazione, nel 1992, *Lo spazio del tempo*. Fra i suoi lavori più recenti *La passeggiata dello schizo* , premiato nel 1997 a Riccione TTV e al festival di Bellaria, e *Celebrazione*, 1998, ispirato a Dino Campana.

Monica Petracci was born in Forlì in 1964. In 1989 she was one of the three co-founders of the Techniche Blu video production company. She has made documentaries, advertising features, video clips, theatrical videos and numerous independent productions, including her 1992 video installation Lo spazio nel tempo. *Her most recent work includes* La passeggiata dello schizo, *a prize-winner at Riccione TTV and the Bellaria festival, and* Celebration, *made in 1998 and inspired by Dino Campana.*

Di Monica Petracci nell'archivio Invideo: *Salomè; La passeggiata dello Schizo* (con Lorenzo Bazzocchi)

ENZO PROCOPIO
Attraverso

Italia/Italy, 1998, 14'

Soggetto e coreografia/Concept and choreography: Enzo Procopio

Fotografia e regia/Directed and photographed by: Gino Sgreva

Musica/Music: Paolo Bragaglia

Suono/Sound: Tiziano Crotti

Scene/Set design: German Fuenmayor

Costumi/Costumes: Emanuela Pischedda

Montaggio/Editing: Cristiana Donghi

Interpreti/Cast: Maddalena Borasio, Eugenio De Mello, Rosita Mariani, Giovanni Scarcella

Produzione/Production: Enzo Procopio, Maddalena Borasio

Enzo Procopio dal 1989 insegna danza contemporanea, tenendo seminari in Italia e all'estero. Ha vinto premi sia con la sua attività di coreografo che con le videocreazioni ispirate alla danza come *Colpi* (1996), premiato in vari festival italiani.

Gino Sgreva, direttore della fotografia dal 1990, ha firmato le immagini di oltre quaranta videoclip musicali per vari artisti italiani e stranieri. Ha collaborato con Polanski per il video di Vasco Rossi "Gli angeli" ed ha lavorato in molte produzioni cinematografiche e televisive. Ha curato inoltre la regia di molte campagne pubblicitarie.

Enzo Procopio has taught contemporary dance since 1989, holding seminars in Italy and abroad. He has won awards both for his choreography and for his video creations inspired by dance, such as Colpi *(1996), which was laurelled at a number of festivals in Italy.*

Gino Sgreva, who has worked as a director of photography since 1990, has been behind the camera for more than forty music videos for Italian and foreign artists. He worked with Polansky on the video for Vasco Rossi's Gli angeli *and has also frequently been involved with cinema and television productions. He has also been director on numerous advertising campaigns.*

Di Enzo Procopio nell'archivio Invideo:
Colpi

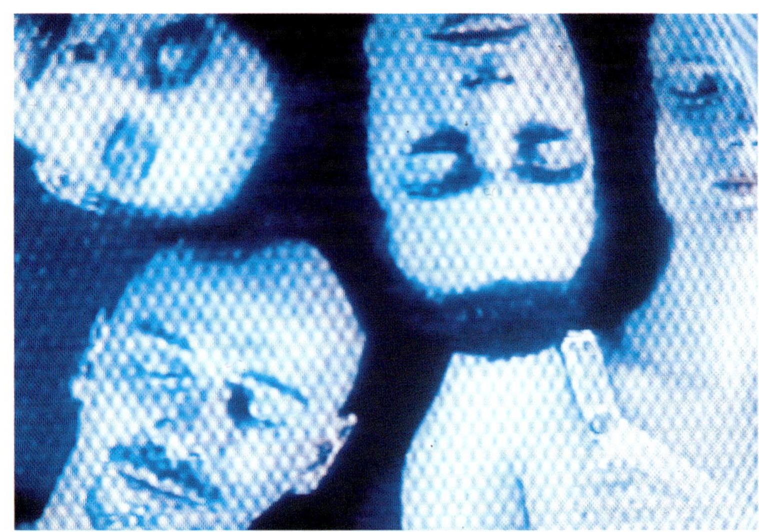

Ancora una volta Procopio lavora sull'interazione fra i danzatori e un luogo dai confini incerti e dal profilo anonimo. L'atmosfera è cupa, la scenografia evoca una serie di barriere e i corpi "dialogano", direttamente o indirettamente, con questi muri-non muri che scandiscono lo spazio e determinano il movimento.

"In un luogo dai confini indecifrabili, tra spazi segmentati e piani inclinati, avvengono incontri fra individui in cerca di una via d'uscita. Filtri di reti separano le ombre dai corpi, il buio dalla luce, il dentro e il fuori. A tratti un cielo possibile appare oltre gli ostacoli, ma solo per un istante". (Enzo Procopio)

Once again Procopio works on the interaction between the dancers and a place of uncertain confines and anonymous outlines. The atmosphere is gloomy, the set design evokes a series of barriers and the bodies "converse", directly or indirectly, with these walls-that-are-not-walls, which scan the rhythm of the space and determine movement.

"In a place whose confines are indecipherable, between segmented spaces and inclined floors, individuals encounter each other in their search for a way out. Filters of nets separate the shadows from the bodies, the dark from the light, the inside from the out. Now and again a possible sky appears beyond the obstacles, but only for a moment". (Enzo Procopio)

DAVE RYAN
Rarefaction

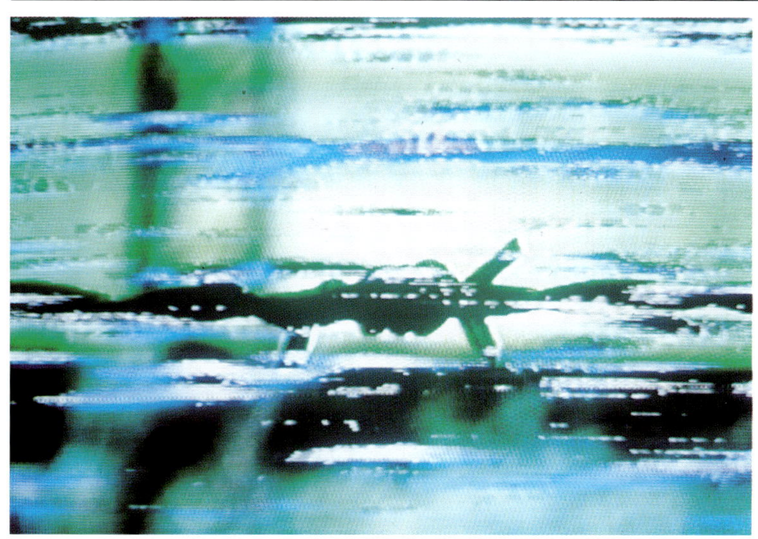

USA, 1998, 9'30"

**Riprese, regia, montaggio, produzione/
Photographed, directed, edited
and produced by:** Dave Ryan

Musica/Music: John Cage,
interpretata da Kazuie Saway

Narrazione/Narrator:
Yumiko Oshima Ryan

Lo statunitense **Dave Ryan**, dopo essersi specializzato in Belle Arti, ha realizzato vari film in 16mm e vari video. A queste attività, che svolge dal 1987, affianca il ruolo di insegnante nel campo del video e del cinema in super 8. Come autore ha ottenuto premi, borse di studio e riconoscimenti. È stato artista residente presso l'Experimental Television Center di Owego (NY) e direttore del Pittsburgh Filmmakers, uno dei più importanti centri d'arte dei media nel paese.

Dave Ryan first trained in fine arts before turning to film in 1987, since when he has made a number of features in 16mm and on video. He also teaches on the subject of video and super 8 cinema. As a filmmaker he has won numerous mentions, awards and study grants. He was artist in residence at the Experimental Television Center in Owego (NY) and director of the Pittsburgh Filmmakers, one of America's most important media arts centres.

Segnali, transiti. Luoghi di confine, paesaggi urbani indefiniti, desolati. Spaesamento dello sguardo. Il video ha vinto il 2° premio al Locarno Video Art festival 1998 con questa motivazione: "Quest'opera tratta del tema dell'emigrazione, dello spostamento; lavora sui problemi del movimento e del tempo, della cancellazione dei segni. La colonna sonora genera la costruzione ritmica e fa apparire la concisione e il rigore del montaggio. Dave Ryan ci impedisce di dimenticare l'importanza del territorio".

"Rarefaction è il risultato della collisione fra due pezzi distinti: un progetto, che avevo abbandonato, sui segnali dei pedaggi stradali che hanno perso il loro riferimento alla pura velocità dei passeggeri, e alcune riprese fatte per un progetto sulla vuota orchestrazione del sistema di trasporto a Tokyo. Questi pezzi arrivarono a combinarsi quando, una notte, fui svegliato dal sonnambolico giapponese parlato da mia moglie: il salto del linguaggio creava un disaccordo col luogo, una improvvisa separazione fra un qui transitorio e un là intangibile… Ho voluto esplorare l'esperienza del disorientamento dell'immigrato per vedere come avrebbe potuto illuminare la cultura americana della transitorietà". (Dave Ryan)

***S**igns, passages. Border places, desolate, undefined urban landscapes. Disorientation of vision. This video took the 2nd prize at the Locarno Video Art festival 1998. The motivation read as follows: "this work treats the subject of emigration, of movement, it tackles the problems of movement and time, of the cancellation of signs. The soundtrack generates the rhythmic construction and underscores the concise rigour of the editing. Dave Ryan never lets us forget the importance of territory".*

"Rarefaction is the result of a collision between two separate pieces: an abandoned project about turnpike billboards that had lost their meaning to the pure velocity of passers-by, and footage gathered for a project about the empty orchestration of the Tokyo transit system. The two pieces merged in my mind when I was woken one night by my wife talking Japanese in her sleep: the jump in language created a disharmony with the place, a sudden separation between a transitory here and an intangible there… I wanted to expand on the immigrant experience of disorientation to see what light it would throw on the American culture of transience." (Dave Ryan)

MICHELE SAMBIN

Natura selvatica
Un percorso teatrale con attori detenuti

Italia/Italy, 1998, 24'

Riprese e regia/Directed and photographed by: Michele Sambin

Musiche originali/Original music: Michele Sambin

Collaborazioni:
Montaggio/editing: Elena Bazzolo;
Elaborazione immagine/ image processing: Fabio Gemo

Produzione/Production: TAM Teatromusica

Michele Sambin (Padova, 1951) dal 1968 conduce una ricerca che ha come tema il rapporto tra immagine e suono. Ha realizzato alcuni film, con i quali ha partecipato a vari festival internazionali di cinema sperimentale. Diplomatosi in musica elettronica, affianca alla ricerca con il computer le prime esperienze con il videotape (1975), divenuto ben presto lo strumento principale delle sue opere. Realizza performance, installazioni e "art tapes", presentati in gallerie e rassegne. Fonda nel 1980 con Pierangela Allegro e Laurent Dupont la compagnia TAM Teatromusica, in cui confluiscono, rielaborate, le esperienze pluriennali nei diversi campi. I suoi lavori di ambito teatrale sono stati presentati in molti festival nazionali e internazionali. Ricordiamo in particolare *Children's Corner* per il Teatro alla Scala e la messa in scena di *Ages* per la RAI di Milano (1989). Nel 1994 realizza il progetto artistico-culturale "Medit'azioni", basato sulla relazione tra carcere e la cappella degli Scrovegni a Padova, e su cui, con Giacomo Verde, realizza il video *Tutto quello che rimane* (1994). Vive a Padova.

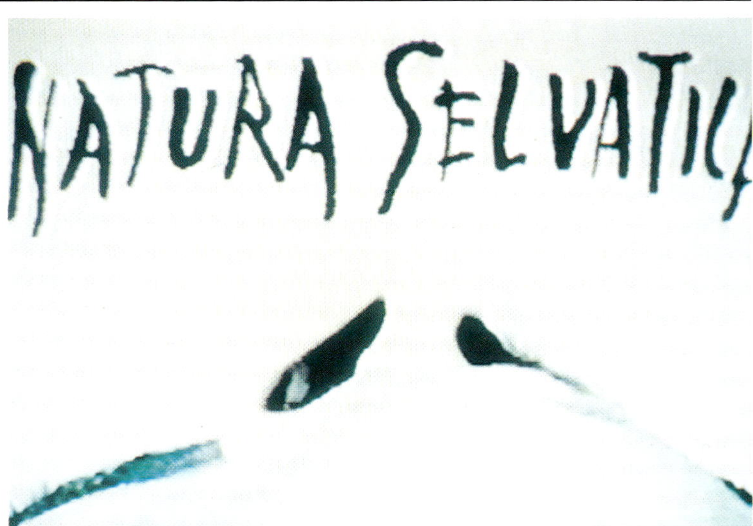

Il video è tratto dallo spettacolo omonimo, ideato e messo in scena da Michele Sambin (collaborazione all'ideazione Pierangela Allegro; aiuto regia Flavia Bussolotto) realizzato nel 1997 all'interno del carcere Due Palazzi di Padova e interpretato da quattordici detenuti (in scena assieme ai detenuti: Flavia Bussolotto, Silvana Gaspari, Cinzia Zanellato). Il laboratorio teatrale, intrapreso nel 1994, continua a scavare nei rapporti fra il dentro del carcere e il mondo esterno: il video, in tal senso, è uno strumento prezioso di comunicazione, accostamento, scambio, contatto: "...il video -scrive Sambin- è diventato un elemento importante utilizzato in alcuni casi per documentare lo spettacolo, in altri per creare lavori autonomi che, pur partendo dallo spettacolo, assumessero un'autosufficienza come lavori video".
Le immagini mostrano, con un'elaborazione accurata delle apparizioni e degli accostamenti esterno-interno, quello che accade in una riflessione profonda, "vissuta", sul rapporto uomo-natura.

" ...Il viaggio parte dal luogo di cemento, dentro il carcere, in cui da anni con i detenuti facciamo teatro: una fredda scalinata neutra che attraverso elementi scenici poveri si trasforma, diventa altro. In quel luogo vuoto, che somiglia al luogo mentale della detenzione, si ricompongono figure primarie, riemergono nostalgie, si ritrovano sentimenti. 'Prima del prima del prima...' urlato dai detenuti è un richiamo corale ad una condizione antica. In una prima fase si rivive una natura informe, ibrida, pre umana, poi una nascita simbolica in cui si riconosce l'uomo, il bisogno di relazione con l'altro, la necessità di contatto. Gli elementi primari: acqua, terra, fuoco, aria, vengono riconsiderati come se fosse necessario ri-conoscerli. Lotte, amori, sfide, soprusi, scontri, incontri vengono stemperati da rituali che ci parlano di un'arcaica convivenza armonica con la natura e per successivi gradini ci avvicinano al sacro, svelandoci la nostra parte oscura." (Michele Sambin)

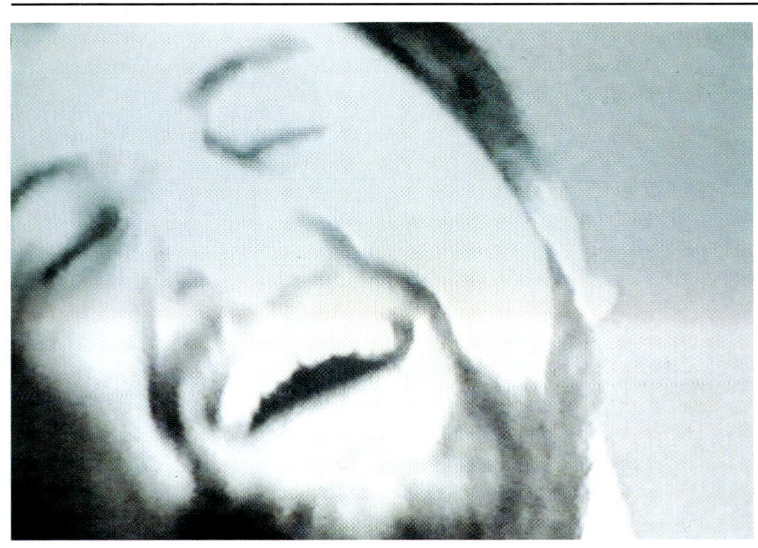

T *he video is taken from the theatre piece of the same name, conceived and produced by Michele Sambin with help in the conceptual process from Pierangela Allegra, and Flavia Bussolotto as assistant director. The piece was put on in 1997 inside the Due Palazzi penitentiary in Padua with a cast of fourteen prisoners, joined on stage by Flavia Bussolotto, Silvana Gaspari and Cinzia Zanellato. The theatre workshop, which started in 1994, continues to investigate the relations between life in prison and the outside world: in this context, video is a precious tool for communication, vicinity, exchange, contact. "Video", writes Sambin, "has become an important element, sometimes used to record the performance, sometimes to create separate works which, although they start out from the performance, become self-sufficient works in their own right once on video". The images show, with accurate enhancement of appearances and inside-outside contacts, what goes on in a profound, "lived through" reflection on the man-nature relationship.*

"…The journey departs from that reinforced concrete space inside the prison where we do drama with the inmates: a cold, neutral staircase which is transformed by limited props and scenic elements into something else altogether. In that empty place, similar to the mental space of confinement, primary figures are re-composed, nostalgic sentiments come to the surface and lost feelings are recovered. "Before the before the before…" is a choral referral to a former condition, when shouted by the prisoners. In a first phase an unformed, hybrid, pre-human nature is relived, then comes a symbolical birth in which can be recognised man, the need for relations with others, the need for contact. The primary elements: water, earth, fire, air are reconsidered as if it there were a need to get to know them anew. Struggles, loves, challenges, offences, conflicts, encounters are tempered by rituals which speak of an archaic and harmonic life with nature, and which take us by small subsequent steps towards the sacred, revealing our dark side." (Michele Sambin)

Michele Sambin *was born in 1951 in Padua, where he continues to live today. Since 1968 he has explored in his work the relationship between sound and image. He has made a number of films which have been presented at international festivals of experimental cinema. He gained a diploma in electronic music before beginning his research into the possibilities of using computer generation, and in 1975 started using videotape, which soon became the preferred medium for his work. He has produced performances, installations and "art tapes", presented in various galleries and collections. In 1980 he was a co-founder, with Pierangela Allegro and Laurent Dupont, of the TAM Teatromusica company, which brings together and re-processes their many years of experience in various fields. His theatrical work has been presented at many national and international festivals. Special mention should go to* Children's Corner *for the Teatro alla Scala, and the production of* Ages *for Italian state broadcaster RAI in Milan in 1989. In 1994 he produced the cultural-artistic project* Medit'azioni, *based on the relationship between prison and the Arena Chapel in Padua and on which, together with Giacomo Verde, he made the video* Tutto quello che rimane *(1994).*

OLGA SAMOLEVSKA

Stabat Mater

Ucraina/Ukraine, 1997, 12'

**Realizzazione, montaggio, produzione/
Direction, editing, production:**
Olga Samolevska

Musica/Music: Giovanni Pergolesi

Olga Samolevska è nata a Kiev e si è diplomata all'Istituto di arti teatrali di Kiev nel 1981. Lavora come regista alla Cineteca Nazionale dell'Ucraina. Con i suoi lavori ha vinto vari premi nazionali e internazionali. Fra i suoi lavori più recenti *Memento vivere*, una riflessione sulle potenzialità distruttive e di salvazione della scienza, dalle armi mediche a quelle belliche. Nella sua opera si fondono la tradizione figurativa occidentale, le icone russe, la musica classica e quella elettronica e un uso sapiente delle tecnologie video.

Olga Samolevska *was born in Kiev and studied at the Institute of Theatre Arts in her native city, where she gained her diploma in 1981. She works as a director at the National Cinema Archive of the Ukraine. Her works have won various national and international awards. Her more recent productions include* Memento vivere, *a meditation on the power of science to save or destroy, from the weapons of war to those of medicine. Her work fuses the western figurative tradition with Russian icons, classical and electronic music and the skilled use of video technologies.*

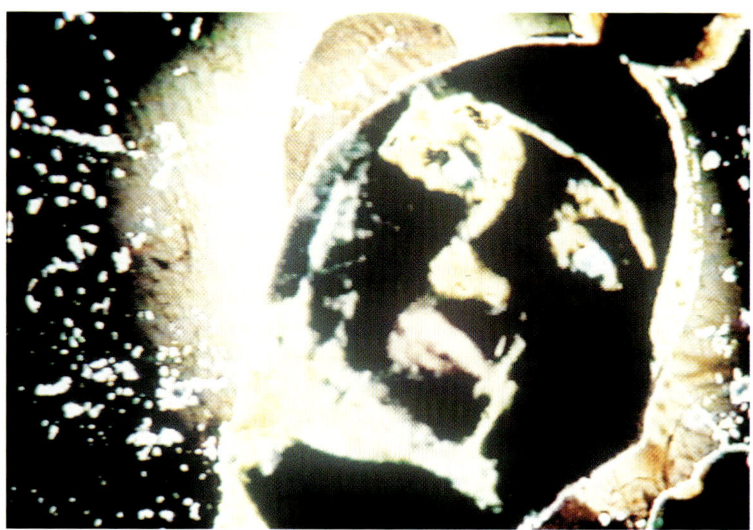

I video è costruito come un affresco in movimento fluido: stupendi colori si incrostano e si sovrappongono ad altri colori, le tessiture elettroniche si disegnano su una serie di volti e di corpi femminili. Foto in bianco e nero si alternano, come scivolando in superficie, a richiami alla natività e alla maternità, associati a una serie di simboli; la musica di Pergolesi si intreccia con colpi, rombi, echi e lontane risa. Infine alla creazione si contrappone la distruzione, con rapide e drammatiche immagini di guerra. *Stabat Mater* ha vinto un premio come migliore opera sperimentale al Montecatini Film Festival 1997.

"Usando l'immagine sacra della Madonna per unificare la spiritualità umana con la divinità, ho costruito un video sull'eterno amore materno e la bellezza che salva sempre il mondo ." (Olga Samolevska)

"*Stabat Mater* è un accorato video senza parole giocato su un dialogo musica-immagini assai curato e suggestivo. Dal punto di vista figurativo il film fa omaggio alla corrente simbolista, quella di Gustave Moreau e Odilon Redon..." (Pierluigi Basso, *Cineclub,* n. 35, luglio-settembre 1997)

T he video is constructed as a fresco in fluid movement: stupendous colours crust over and overlap with other colours, electronic textures are drawn out on a series of women's faces and bodies. Black and white photographs alternate, as if slipping away on the surface, with pointers to the nativity and maternity, associated with a series of symbols; the music of Pergolesi interweaves with blows, instruments, echoes and distant laughter. Finally destruction is opposed to creation, with rapid and dramatic images of war. Stabat Mater *was laureled as the best experimental work at the 1997 Montecatini Film Festival.*

"*Using the sacred image of the Madonna to unite human spirituality with divinity, I constructed a video on eternal motherly love and the beauty which always saves the world.*" (Olga Samolevska)

"Stabat Mater *is a moving, wordless video, highly suggestive and carefully worked out on the basis of the dialogue between music and images. From a figurative point of view the film pays homage to the Symbolists, from Gustave Moreau to Odilon Redon...*" (Pierluigi Basso in Cineclub *No. 35, July-September 1997*)

EDER SANTOS
Tumitinhas

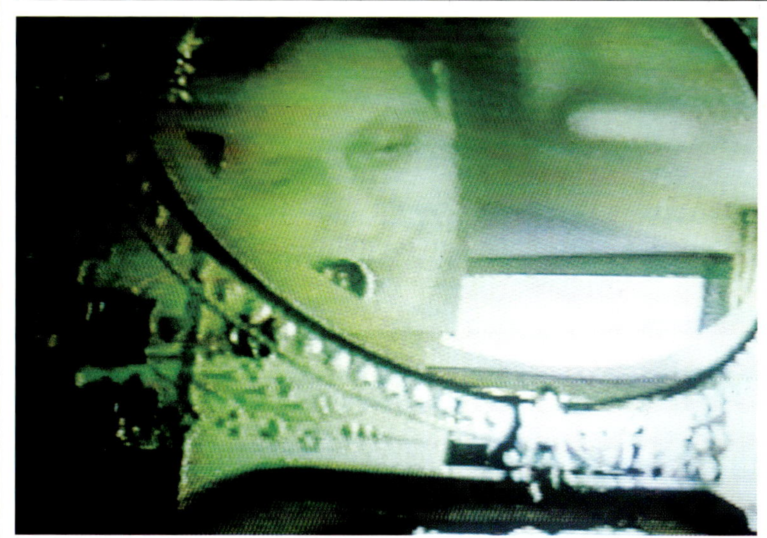

Brasile/Brazil, 1998, 4'47''

Regia/Director: Eder Santos

Riprese: Stephen Vitiello, Evandro Rogers, Eder Santos

Assistenti alla regia/ Assistants Directors: Lucas Gontijo, Andre Amparo, Marcelo Reis

Montaggio/Editing: Eder Santos, Andre Amparo, Anselmo Lafeta

Musica/Music: Josefina Cerqueira

Versione inglese/English version: Rodrigo Morici

Testo della poesia/Poem text: Sandra Penna

Produzione/Production: Emvideo

In *Tumitinhas*, Eder Santos evoca in immagini e suoni le parole di una poesia scritta da Sandra Penna (si chiama proprio così, non si tratta del nostro Sandro Penna). Le immagini sembrano sfocate dalla memoria, scorrono incerte, mostrano volti, apparizioni di personaggi, sembrano incepparsi in "vuoti di memoria" e nelle trappole del pensiero. Immagini e suoni, parole ed evocazioni restituiscono l'andamento, il ritmo e la "precisa vaghezza" della breve poesia. Il video ha ricevuto una menzione speciale alla 19a edizione del Video Art Festival di Locarno 1998.

"È una videopoesia basata su una composizione di Sandra Penna a sua volta ispirata da una canzone per bambini in cui si parla di una coppia che si è separata. Sovvertendo il lieto fine e le rime perfette che caratterizzavano la canzone originaria, il videopoema espone aspetti tipici della vita amorosa: sentimenti contraddittori, ricordi imperfetti e il tempo impreciso." (Eder Santos)

In *Tumitinhas Eder Santos evokes by images and sounds the words of a poem by Sandra Penna (not to be confused with Italy's Sandro Penna). The images come across as blurred by memory, running on uncertainly, showing faces, appearances of characters, seeming to get stuck in "memory lapses" and the traps of thought. Images and sounds, words and evocations recreate the pace, the rhythm and the "precise vagueness" of the short poem. The video received a special mention at the 19th Locarno Video Art Festival in 1998.*

"A video version of a poem by Sandra Penna which took its inspiration from a song for children whose subject is a couple that has broken up.
Subverting the ideal solutions and the perfect rhymes found in children's songs, the video poem displays the aspects inherent to love life: contradictory feelings, imperfect remembrances and the inaccuracy of time." (Eder Santos)

Eder Santos (Belo Horizonte, Brasile, 1960) è uno dei più importanti autori indipendenti e artisti video in Brasile. Ha studiato Belle Arti, e ha cominciato a realizzare video e installazioni nel 1985. I suoi lavori sono stati presentati in tutto il mondo ottenendo numerosi premi. Santos lavora con una speciale attenzione al rapporto fra immagini e suono e coniuga nelle sue videocreazioni la sperimentazione con le tecnologie elettroniche alla complessa eredità culturale latino-americana. Il suo lungometraggio *Enredando as pessoas* (*Intriguing People*), del 1995, è un esempio di cinema elettronico visionario, non narrativo. Vive a Belo Horizonte, dove ha fondato la società di produzione Emvideo.

Eder Santos was born in Belo Horizonte, Brazil, in 1960 and is one of the country's most important independent filmmakers and video artists. He studied fine arts and began to make videos and installations in 1985. His work has been shown around the world, obtaining a number of awards. Santos pays special attention to the relationship between image and sound in his work, bringing together in his video creations experimentation with electronic technologies and the complex cultural heritage of his home continent. His 1995 full-length feature Enredando as pessoas *(Intriguing People) was an example of visionary, non-narrative electronic cinema. He lives in Belo Horizonte, where he has set up the Emvideo production company.*

ALEKSANDR SOKUROV
Povinnost'

Russia, 1998, 260'

Sceneggiatura, regia/Written and directed by: Aleksandr Sokurov

Riprese/Photography: Aleksandr Fyodorov

Musica/Music: Toru Takemitsu, Richard Wagner, Piotr Ilic Tchaikovskij

Produzione/Production: Studio Nadezhda, San Pietroburgo

Aleksandr Sokurov (1951) è uno dei più importanti autori attuali dell'ex-Unione sovietica. Ha studiato al celebre VGIK di Mosca. Realizza lungometraggi dagli anni '80, e la sua opera comincia a circolare, oltre che in alcuni festival internazionali, anche nelle sale: è il caso di *Mat'i syn* (*Madre e figlio*) del 1997. Sokurov si ispira spesso alla letteratura (Gustave Flaubert, George Bernard Shaw) ma il suo lavoro mostra un'estrema attenzione alla composizione dell'immagine e a una ricerca di risonanze profonde fra le parole e la realtà rappresentata. Nel suo lavoro è spesso presente uno sguardo di confine fra il documentario e la finzione, sguardo che concorre all'orchestrazione di una riflessione esistenziale e filosofica.

Aleksandr Sokurov, born in 1951, is one of the most important directors working today to emerge from the former Soviet Union. He studied at the celebrated VGIK in Moscow. He first made full-length features in the 1980s and his films have begun to enjoy theatrical distribution as well as circulating at international festivals: one such instance is Mat' y Syn (Mother and Son), *from 1997. Sokurov often takes his inspiration from literary models (Gustave Flaubert, George Bernard Shaw), but his films also display an extreme attention to the composition of the image, and seek for a profound resonance between their words and the reality they represent. His work often lies along the confines between documentary and fiction, which concur in the orchestration of an existential and philosophical meditation.*

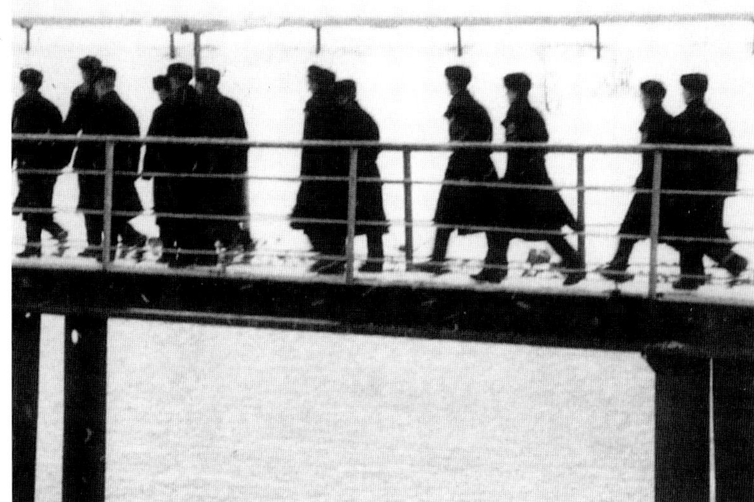

Povinnost' (La confessione), diviso in cinque parti, è ispirato al diario di un ufficiale di marina la cui corazzata è ancorata in un luogo di confine, nell'Artico. Il racconto, sospeso fra documento e finzione, si svolge a bordo della nave. L'andamento ossessivo e i rituali ripetitivi della vita di bordo e dell'addestramento delle giovani reclute, il paesaggio livido e desolato, esterno e interno, creano un affresco sontuoso. Il colore (quasi un bianco e nero virato, con qualche pallido accenno cromatico) i rumori e la musica contribuiscono al clima sospeso, astratto della narrazione.

"...Le immagini, quasi mai autonome, sono direttamente legate a frasi e a parole, a volte anche a una sola parola. Il militare getta uno sguardo introspettivo sulla propria vita, sul proprio cammino e sul destino del suo paese, la Russia. Questo saggio non è comunque un 'documentario'. Attraverso il montaggio e un lavoro meticoloso sul suono, il cineasta cerca di allontanarsi dalla descrizione naturalistica degli avvenimenti per captare una verità interiore e personale" (Catalogo 51ª edizione festival internazionale del film Locarno, agosto 1998)

Povinnost' *(Confession) is a five-part film inspired by the diary of a naval officer whose cruiser is on station in the Arctic. The story, suspended between documentary and fiction, takes place on board the ship. The obsessive pace and repetitive rituals of life on board, the training of the young recruits, the livid and desolate interior and exterior landscape, create a sumptuous fresco. The colour (almost black and white, with only slight chromatic tints), the noises and the music contribute to an atmosphere in suspense, abstracted from narration.*

"The images, almost never autonomous, are directly related to phrases and words, sometimes even to a single word. The military man takes an introspective look at life, his fate and the destiny of his Russian homeland. This essay is not however a 'documentary' - through the editing and a meticulously constructed soundtrack, the filmmaker tries to break with a naturalistic approach to events in order to capture an internal and personal truth." (from the catalogue to the 51st Locarno International Film Festival, August 1998)

ROBERT SUERMONDT
S.O.L.

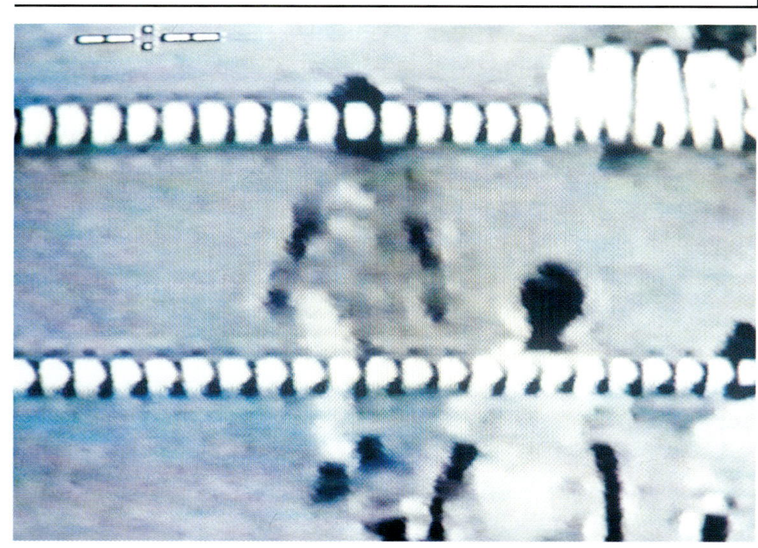

Belgio/Belgium, 1997, 4'34''

Realizzazione, fotografia, montaggio, produzione/Direction, photography, editing, production: Robert Suermondt

Robert Suermondt (Ginevra, Svizzera, 1961) ha studiato alla Ecole Supérieure d'Arts Visuels di Ginevra e alla Rijksakademie di Amsterdam. Ha partecipato a varie mostre collettive in Olanda, Francia, Belgio e Svizzera. Questo è il suo primo video, ed ha ricevuto il primo premio alla Videonale di Bonn 1998 e una menzione a "L'immagine leggera", Palermo 1998.

Robert Suermondt, *born in Switzerland in 1961, studied at the Ecole Supérieure d'Arts Visuels in his native Geneva and at the Rijksakademie in Amsterdam. He has taken part in a number of collective exhibitions in the Netherlands, France, Belgium and Switzerland. This, his first video, was awarded the first prize at the 1998 Bonn Videonale and a special mention at the 1998 L'immagine leggera festival in Palermo.*

I l cinema ci sta disabituando ai titoli di coda. Imitando la fretta televisiva, i gestori delle sale accendono le luci addirittura sull'ultima inquadratura del film, per far entrare i venditori di pop-corn. È una violenza (anzi, una censura) cui si dovrebbe dar battaglia. Questo video si addentra nei titoli di coda del film *The Silence of the Lambs*, da cui le iniziali del titolo, di Jonathan Demme. Li ingrandisce, fino a sgranare le immagini e a lasciare talvolta solo i puntini che collegano un nome al ruolo svolto nel film. Le scritte perdono il loro senso funzionale, diventano quinte di un teatro: possiamo guardare *dietro*, immaginare altre storie nel brulichio della folla che percorre le inquadrature su cui i titoli scorrono, creare un *altro* film.

"Il lavoro di Suermondt è uno scandaglio sottotraccia della sequenza dei titoli di coda de *Il silenzio degli innocenti*…(esplorata con la telecamera durante un passaggio televisivo del film) alla ricerca di microstorie, o anche di semplici movimenti di comparse, apparentemente inessenziali, che passano del tutto inosservate sotto lo scorrere dei nomi di cast e crew. Suermondt riesce così a creare un nuovo spazio narrativo" (Catalogo "L'immagine leggera", Palermo 1998).

T he cinema is getting us out of the habit of end credits. With the typical hurry of television, theatre managers put the lights up practically before the last scene is over, to let the pop corn sellers in. This is an abuse (a form of censorship in effect) which we ought to fight against.. This video goes into the end credits of Jonathan Demme's film The Silence of the Lambs (which also provide the initials of the title). It expands them until the images lose their shape, sometimes leaving only the dots which join a name to the part played in the film. The words lose their functional meaning and become the wings of a theatre: we can look behind, imagine other stories in the swarming crowd that fills the frames in which the credits roll, creating an other film.

"Suermondt's work scans the sequence beneath the closing credits of The Silence of the Lambs… explored with the video camera during a television broadcast of the film, looking for microstories or even just extras' movements, seemingly unimportant, which go unnoticed while cast and crew's names are scrolling. In this way, Suermondt creates a new fictional space." (catalogue to L'immagine leggera, *Palermo 1998)*

STUDIO AZZURRO

Giacomo mio, salviamoci!

Italia/Italy, 1998, 54'

Musica/Music: Giorgio Battistelli

Testi/Written by: Vittorio Sermonti

Progetto scenico e video/Scenic and video concept: Studio Azzurro

Voce in scena/Voice on stage: Umberto Orsini

Regia/Directed by: Paolo Rosa

Fotografia/Photography: Fabio Cirifino

Regia 2ª unità/2nd Unit director: Giuseppe Baresi

Assistente alla regia/AssistantDirector: Davide Sgalippa

Riprese/Photography: Riccardo Apuzzo, Mario Coccimiglio

Montaggio/Editing: Paolo Ranieri, Fanny Molteni

Esecuzione/Music performed by: Orchestra Filarmonica Marchigiana, direttore Donato Renzetti, solisti Nicola Raffone, Luca Vanitucci

Live electronics e regia del suono/Live electronics and audio direction: Alvise Vidolin

Sistemi interattivi/Interactive systems: Stefano Roveda

Produzione/Production: Associazione Macerata Opera, RAI-SAT, RadioRai in collaborazione con Comune di Recanati e Giunta Nazionale Leopardiananel secondo centenario della nascita di Giacomo Leopardi

Studio Azzurro è un gruppo storico nel panorama dell'arte elettronica e del video indipendente in Italia. Nato a Milano come studio fotografico nel 1978, ha cominciato a occuparsi di cinema e video nel 1982. Il nucleo fondatore è costituito da Fabio Cirifino, Paolo Rosa, Leonardo Sangiorgi a cui si è aggiunto negli ultimi anni Stefano Roveda. Conosciutissimi e premiati a livello internazionale, hanno svolto un ruolo pionieristico nel videoteatro -con Barberio Corsetti-, hanno realizzato video, film, installazioni (videoambienti, come preferiscono chiamarli). Negli ultimi anni si sono dedicati ad esplorare le potenzialità dei dispositivi interattivi all'interno di grandi e suggestivi "ambienti sensibili". Intervengono con testi teorici e riflessioni su temi come l'incontro fra le arti, il futuro della comunicazione, le potenzialità artistiche delle tecnologie elettroniche. Su di loro esiste un'ormai ricca bibliografia. Segnaliamo in particolare il volume a cura di Valentina Valentini, con testi di Paolo Rosa, *Studio Azzurro-Percorsi tra video, cinema e teatro*, Electa, Milano 1995.

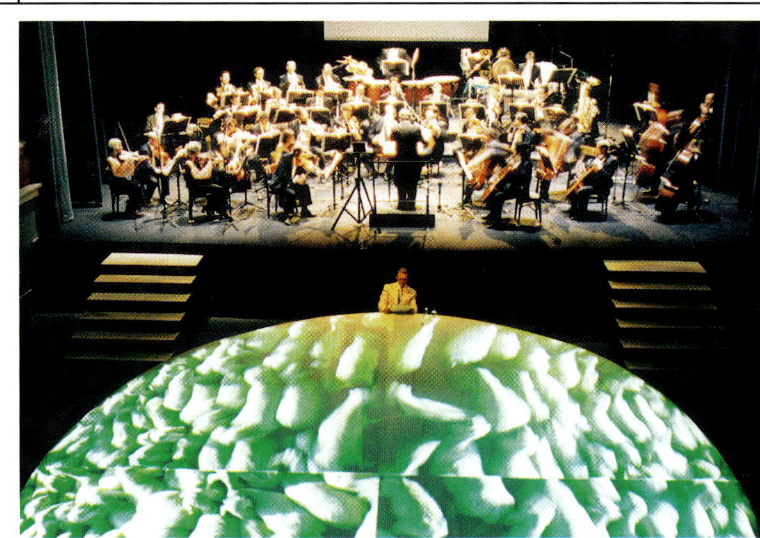

I l video "racconta" l'omonimo spettacolo rappresentato a Macerata nel luglio '98. Come sempre nel lavoro di Studio Azzurro, non si tratta di pura e semplice documentazione di un'esperienza peraltro straordinaria (in cui i dispositivi elettronici e interattivi si incontrano con il teatro, la musica, la poesia), ma di un'opera a sé.
Giacomo mio salviamoci! ci restituisce insomma tutta la densità della rappresentazione teatrale, ricreandola in video con un valore aggiunto, quello di un trattamento dell'immagine che addensa significati, sovrappone evocazioni e moltiplica i punti di vista. Parole, suoni e apparizioni (queste ultime sull'enorme schermo piazzato al posto della platea) "si affiancano, a volte si intersecano, a volte prendono direzioni diverse ma non sono mai didascaliche l'una dell'altra. Anzi, crediamo che il nostro piccolo affresco su Leopardi si possa rintracciare proprio in questi attraversamenti, in queste differenze, nelle sottili vibrazioni procurate dagli accostamenti, nella sorpresa di fugaci sovrapposizioni", scriveva Paolo Rosa in una nota anteriore alla prima dello spettacolo. Ecco, il video sembra intervenire proprio su questi accostamenti, rendere questi incroci, incunearsi nelle differenze.

"L'orchestra...occupa l'intero palcoscenico e circonda da dietro l'unico personaggio in scena: il conferenziere che recita il proprio omaggio al poeta, utilizzando come filo conduttore il materiale autografo che Monaldo Leopardi inviò ad Antonio Ranieri, amico e convivente del figlio negli ultimi anni di vita, appena dopo la morte di Giacomo. Davanti al conferenziere si distende un immenso, smisurato tavolo che invade tutta la platea: *la scrivania-mondo di Leopardi*. Su di essa gli spettatori, che occupano le balconate, possono osservare dall'alto, con un punto di vista insolito, lo svolgersi delle immagini. Tecnicamente queste immagini sono generate da diversi videoproiettori, posti verticalmente al piano della scrivania. Insieme, sincronizzate, esse possono formare scenari unici piuttosto vasti, oppure ritagliare figure, oggetti di varia grandezza che compaiono in diversi punti o si spostano da una parte all'altra del piano..." (Paolo Rosa)

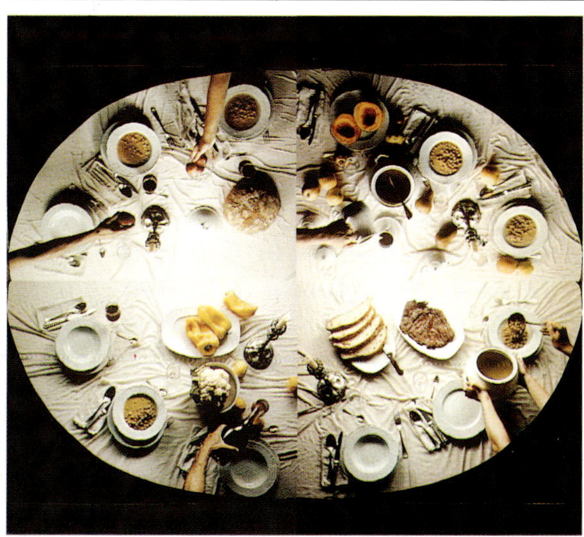

"The video "narrates" the theatre piece of the same name performed in Macerata in July 1998. As always with the work of Studio Azzurro, this is not just a simple document of an event, albeit a remarkable one (in which electronic and interactive devices encounter theatre, music and poetry), but a work in its own right.
Giacomo mio salviamoci! gives us an idea of the density of the theatrical performance, recreating it on video with an added value, namely the image processing which enhances its significance, adding evocations and multiplying the points of view. Words, sounds and appearances (the latter on the enormous screen which replaces the stage) "come alongside or intersect with each other, sometimes going in different directions but never mere mutual explanations of each other. On the contrary, we believe that our little fresco on Leopardi can be placed precisely in these crossings over, these differences, in the subtle vibrations created by the matchings, the surprise effect of brief overlappings", wrote Paolo Rosa in a note to the first performance. The video seems to work precisely on these matches, conveying the cross-overs and going into the differences.

"The orchestra... occupies the whole of the stage, surrounding from behind the only character on stage: the lecturer who recites his own homage to the poet, using as a leitmotiv the autobiographical material which the poet's father Monaldo Leopardi sent to Antonio Ranieri, the friend who lived with his son in the last years of his life, shortly after the death of Giacomo. In front of the lecturer stretches an immense, disproportionate table which invades the auditorium: Leopardi's writing-table-world. On this the audience, which occupies the galleries, can watch from above – an unusual perspective – the images as they pass. Technically speaking, these images are generated by various video projectors, situated vertically on the level of the desk. Synchronized together they can form rather extensive scenes, or else delimit figures or objects of various sizes which appear at various points or move from one part or the other of the level..." (Paolo Rosa)

Studio Azzurro *is a historic group on the electronic arts and independent video scene in Italy. Originally formed as a photographic studio in Milan in 1978, it began working with cinema and video in 1982. The original core members were Fabio Cirifino, Paolo Rosa, Leonardo Sangiorgi and recently Stefano Roveda, but today the group's activity is the focus for a varied crew of videomakers. Enormously successful at international level, as witnessed by their long list of prizes, these artists have played a pioneer role in video theatre – with Barbara Corsetti – and have made videos, films, installations (video environments, as they prefer to call them). In recent years the group has been dedicated to exploring the potential of interactive devices within large and suggestive "sensitive environments", joining theatrical experience and an elegant, rigorous style with the activation of senses such as touch, and actions such as breathing, trampling, shouting...* (Tavoli, Il soffio sull'angelo, Coro, Totale della Battaglia). *They are responsive to the debate on the relations between art and technology, contributing theoretical essays and considerations on themes such as the interfaces between the various arts, the future of communication, the artistic potential of electronic technologies. They have been covered by what has become an extensive bibliography, but a study of particular interest is the one edited by Valentina Valentini, with texts by Paolo Rosa,* Studio Azzurro – Percorsi tra video, cinema e teatro, *Electa, Milan 1995.*

Di Studio Azzurro nell'archivio Invideo:
*Il giardino delle cose; Il viaggio;
Coro; La camera astratta; Studio Azzurro -
videoambienti 1982-1992*

STUDIO AZZURRO

Milanopoesia - 60 clip di poesia

Italia, 1998, 160'
selezione per Invideo 33'

Materiali video/Video material:
Studio Azzurro;
Composti da/composed by:
Paolo Ranieri, Pietro D'Agostino,
Luca Scarzella

Coordinamento del progetto/
Project coordinators:
Fabio Cirifino, Paolo Rosa

Produzione/Production:
RAI-SAT a cura di Nanni Balestrini

Selezione clip dalla serie Milanopoesia/
Selected clips from the Milanopoesia
series: Luigi Cinque, Andrea Zanzotto;
Abdullah Sidran, Elio Paglierani;
Steven Brown, Biagio Cepollaro;
Amiri Baraka/Le Roi Jones, Paolo Volponi;
Jerome Rothenberg, Attila Elekes;
Michelle Clinton, Ivan Drac

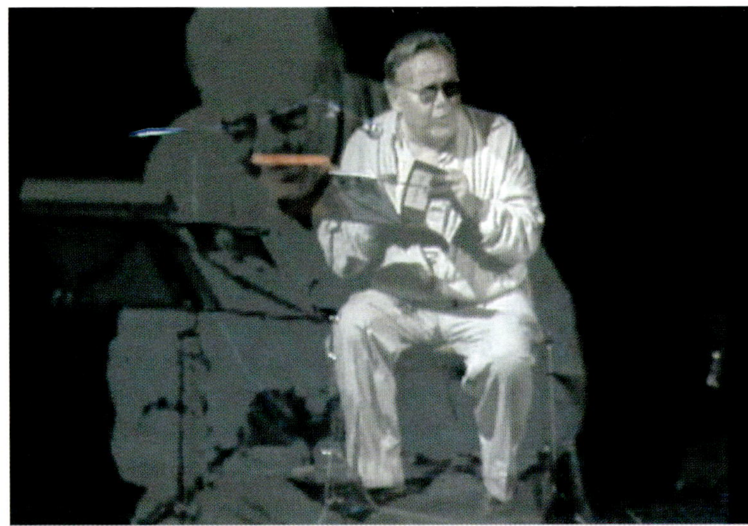

"**Q**uesti brevi clip sono stati composti sul materiale registrato in diverse edizioni di 'Milano/poesia'. Le immagini, tratte dal nostro archivio, documentano una manifestazione che per molti anni ha dato appuntamento a poeti, artisti, musicisti, performer coinvolgendoli in happening tanto informali quanto carichi di passione e partecipazione. Una presenza di eventi e personaggi, così necessaria per una città come Milano, catalizzata da quel grande animatore della cultura milanese che era Gianni Sassi, a cui vogliamo dedicare, per affetto e riconoscenza, questo lavoro.

Sugli autori, in particolare poeti, abbiamo ritagliato piccoli ritratti, accostandoli a materiali visivi, sempre dal nostro archivio, che non pretendono di illustrare i versi, da loro stessi recitati, ma solo evocarne in qualche misura le atmosfere, i significati. Diversi autori del montaggio hanno contribuito a costruire questa compilazione di 60 clip, con una varietà di approcci e interpretazioni, tali da formare un mosaico ampio e diversificato che tuttavia si inserisce con coerenza nel percorso dello Studio Azzurro. Il programma, sollecitato da Nanni Balestrini che di Milanopoesia era uno degli organizzatori, è stato prodotto da RAI-SAT." (Studio Azzurro)

"*T*hese short clips were composed on material recorded at various Milanopoesia festivals. The pictures from our archive document an event which over the years has attracted poets, artists, musicians and performers, putting them together in happenings that are informal, but passionately involving for all concerned. A vitally significant round of events and personalities for a city like Milan, all catalysed by Gianni Sassi, that great animator of Milanese culture, to whom we would like to dedicate this piece with affection and gratitude. We made a series of portraits in miniature of these authors, poets in particular, matching them with visual material, again from our archives, which is not intended to illustrate the verses which they themselves recite, but merely in some way to evoke their atmospheres and meanings. A team of editors used a variety of techniques and approaches in helping to make up this series of 60 clips, which thus became a vast and diversified mosaic, though it fits coherently nonetheless into the style and method of Studio Azzurro. The project was encouraged by Nanni Balestrini, one of the organizers of Milanopoesia, and was produced by RAI-SAT.*" (Studio Azzurro)*

LORENZO TAIUTI
Identità

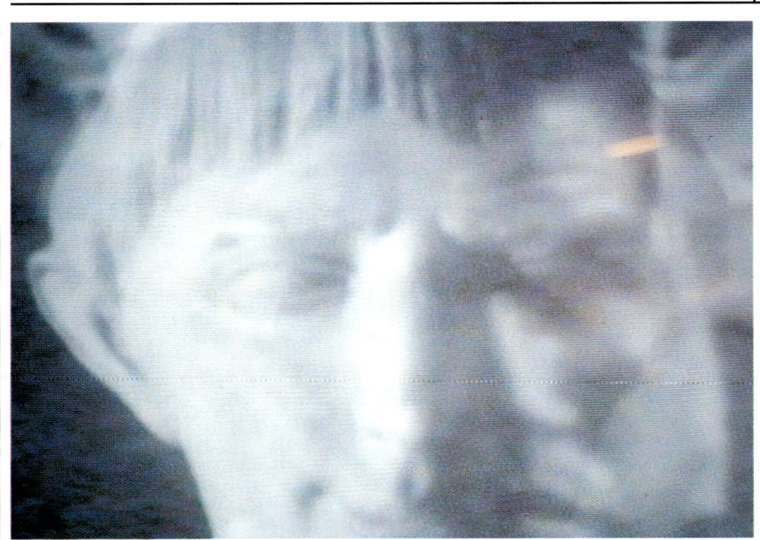

Italia/Italy, 1997, 4'

Regia/Directed by: Lorenzo Taiuti

Post-produzione/Post-production:
Giorgio Mazzoli

Musica/Music: Marco Schiavoni

Produzione/Production:
Giorgo Mazzoli, Lorenzo Taiuti

Lorenzo Taiuti lavora nel campo delle arti visive e per la televisione. Ha realizzato lavori multimediali, in collaborazione con compositori di musica contemporanea, teatro musicale e installazioni e ha realizzato vari video basati sulle problematiche della musica e della danza. Come organizzatore culturale ha promosso incontri e rassegne sul video e i nuovi media elettronici in varie città italiane. Alcuni suoi video sono stati presentati in festival italiani e stranieri e trasmessi da reti televisive nazionali. Scrive articoli sui linguaggi video e i nuovi media su varie riviste d'arte, e nel 1996 ha pubblicato il libro *Arte e Media-Avanguardie e comunicazione di massa* (Costa e Nolan, Genova). Insegna "Mass Media" all'Accademia di Belle Arti di Torino e sta attualmente lavorando su alcuni progetti di installazioni interattive e di comunicazione "internet". Vive a Roma.

dentità fa parte originariamente di una installazione: il video viene proiettato su un tessuto bianco di 4 metri per 5 (o di 5 per 6) appeso in alto e libero in basso, come una bandiera o uno stendardo. Il tessuto, leggerissimo, viene mosso alle spalle da una corrente d'aria. Le immagini mostrano un incedere e un susseguirsi di volti in cui distinguiamo degli "stranieri" e antichi ritratti romani conservati nei musei. I volti si fondono. Una riflessione per immagini sull'idea di identità, oltre ogni barriera artificiosa.

"*Identità* nasce collegando le immagini dei ritratti romani del Museo del Campidoglio, storicizzati ed eternizzati, con le immagini di volti di extracomunitari colti nei luoghi dove nasce la contemporaneità. Qual è la ritrattistica di una folla moderna e anonima? Qual è il modo per 'ritrarre' il protagonismo dell'uomo massa? Qual è il formarsi dell'immagine di popolo e di storia (storia della faccia che rappresenta la storia e il popolo), come si forma la 'cultural heritage'? Attraverso un processo di distorsione morphing le immagini dei ritratti romani coincidono con i volti degli extracomunitari." (Lorenzo Taiuti)

Lorenzo Taiuti *lives in Rome, where he works in the field of visual arts and television. He has created multimedia works, collaborating with composers of contemporary music, musical theatre and installations, and has made various videos based on the problems presented by music and dance. As a cultural organizer he has promoted conferences and exhibitions on video and the new electronic media in a number of cities in Italy. Several of his videos have been shown at festivals in Italy and abroad, as well as on national television. He writes articles on the language of video and the new media in various art magazines, and in 1996 published the book* Arte e Media – Avanguardie e comunicazione di massa *(Costa e Nolan, Genoa). He lectures in Mass Media at the Academy of Fine Arts in Turin and is currently working on several projects for interactive installations and communication on the Internet.*

dentità was originally part of an installation: the video is projected onto a white cloth measuring 4 by 5 metres (or 5 by 6), suspended from the top and hanging free like a flag or standard. The cloth is extremely light and is moved from behind by a current of air. The pictures show a kind of solemn procession of faces which we recognise as "foreigners" and as ancient Roman portraits preserved in a museum. The faces merge together. A reflection through images on the idea of identity, putting the question of common roots, beyond any artificial barriers.

"Identità was created by linking images of Roman portraits from the Campidoglio Museum, historicized and made permanent, with pictures of the faces of foreign immigrants, taken in places which provide a contemporary setting. How should the portraiture of a modern, anonymous crowd be formed? In what way can the protagonism of the mass man be 'portrayed'? How does the image of a people and of history form (the story of the face which represents history and the people), how is a cultural heritage formed? Using morphing techniques, the Roman portraits are made to coincide with the faces of the immigrants." (Lorenzo Taiuti)

Di Lorenzo Taiuti nell'archivio Invideo:
A perdifiato

GIANNI TOTI
Aca nada

Canada, 1998, 27'

Realizzazione/Directed by: Gianni Toti

**Co-autori pittronici syntheasti/
Co-direction and pictronic synthesis:**
Sylvain Cossette e Cyborg Vortex 28 20

Ironitronìa/Ironitronics: Angèle Cyr,
Sabina Griol e Julie Martineau

Consuonìe/Consonics:
Martin Hurtubise e Stéphane Claude

Poemusicatronìe/Poemusicatronics:
Monique Jean

Consigli creativi/Creative advice:
Luigi Ceccarelli e Mohamad Gavhi

**Post-MIC e post-MAC/Post-MIC
and post-MAC:**Youssef El Jai

Produzione/Production:
PRIM, Productions Réalisations
Indépendants Montreal -
Centre d'art médiatique

Gianni Toti, videoartista, poeta,
scrittore, intellettuale militante, grande
viaggiatore... Nato a Roma, non ci è dato
di sapere quando: la sua età, come lui
stesso sostiene, dovrebbe aggirarsi sui
"venti miliardenni". Partigiano nelle fila
della Resistenza, poi inviato speciale del
quotidiano "L'Unità", Toti gira il mondo,
passando per congressi e rivoluzioni,
scattando fotografie, traducendo e
pubblicando in Italia testi di poesia e
narrativa. Ha realizzato film, pièces
teatrali, scritto libri; a partire dagli anni
'80 la sua passione per la creazione di
"linguaggi nuovi per pensieri nuovi" gli fa
scoprire l'immagine elettronica. È oggi
uno degli artisti video più noti e amati del
pianeta. Appassionato e talvolta
"scomodo", non ha mai smesso di
confrontarsi, di esporsi, di contestare idee
e luoghi comuni, di combattere anche con
la sua arte i vecchi e i nuovi imperialismi.
Vive, di rado, a Roma.

Di Gianni Toti nell'archivio Invideo:
*Dialogo digitale del corpo umano; I raggi
cosmici e l'odoscopio; L'arnia cosmica;
L'ordine, il caos, il phaos; Tenez tennis;
L'Originédite; Planetopolis; Tupac Amauta -
Primo canto*

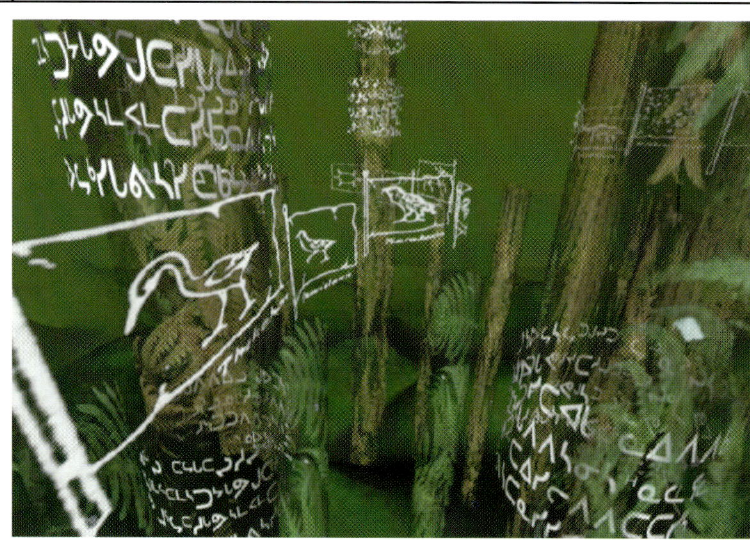

"**D**ai cartografi spagnoli? Ma sì, cominciamo da questi carto-
grafo-navigatori che sembra gironzolassero fra Terranova e il
futuro Fiume di San Lorenzo cercando di orizzontarsi in quel geli-
do e abbagliante mondo (non per 'scoprirlo', oh no!, come poi
vorrà il navigatore di Saint-Malo, Jacques Cartier, che non 'scoprire', per la verità, ma 'conquistare' voleva - soprattutto oro e potere) e, sconcertati e delusi, cartografarono poi per il re di Spagna
una semplice e fulminante sintetica conclusione: 'ACA' NADA', che
restò il più triste ACA' NADA - QUI NIENTE della cartografia universale (almeno, altrove, HIC SUNT LEONES...)
(...) Continuando, è per qualche arpento di neve che -invitato 'in
residenza' dagli amici di PRIM a Montreal per realizzare un'opera
'video' in 'immagini di sintesi', di fronte a quel 'nulla' elettr(ir)oni-
co, l'arpentante Toti ha scelto di non lasciarsi congelare- fra 'scoperte' del Cànada o del Canadà e 'conquiste' colombopostume
ormai - ma di svincolarsi dalla prigione ideologica dei 'falsi scopri-
tori' o veri 'conquistatori' geno-etno-cidiari e dunque storicamen-
te (e umanamente) colpevoli degli olocausti perpetrati per cinque-
cento anni contro i popoli delle 'Prime Nazioni'; e ripristinare,
almeno v-idealmente, un po' di verità elettrica...
Come? Facendo agire i nostri spesso tanto incongruamente utilizzati 'linguaggi neotecnologici' e così rovesciando la prospettiva di Jacques Cartier che, dal punto di vista occidentale delle sue navi, 'sco-
prì' i popoli delle 'Prime Nazioni' - che erano già là, e non volevano
né farsi 'scoprire' né 'conquistare', e semmai 'scoprirono', dal loro
opposto punto di vista, le navi degli scopritori-conquistatori. Questi
videro 'selvaggi' che invece vedevano altri esseri umani avidi soltanto di oro e potere...

ACA' todo, insomma: qui tutto il pensiero umano da liberare. Lag-
giù, nella KANA'THA, per esempio e intanto, da 'liberare' dalle
'riserve' tuttora in funzione presso le 'Nuove Nazioni' conquistatrici
- lager per i 'suicidi da malinconia' - i democratici lager insomma che
ancora...Il fatto è che, magari elettronicamente parlando, i 'conquistatori' siamo anche noi che adesso stiamo QUI e non vediamo ancora NULLA..." (Gianni Toti, testo inedito, dicembre 1998)

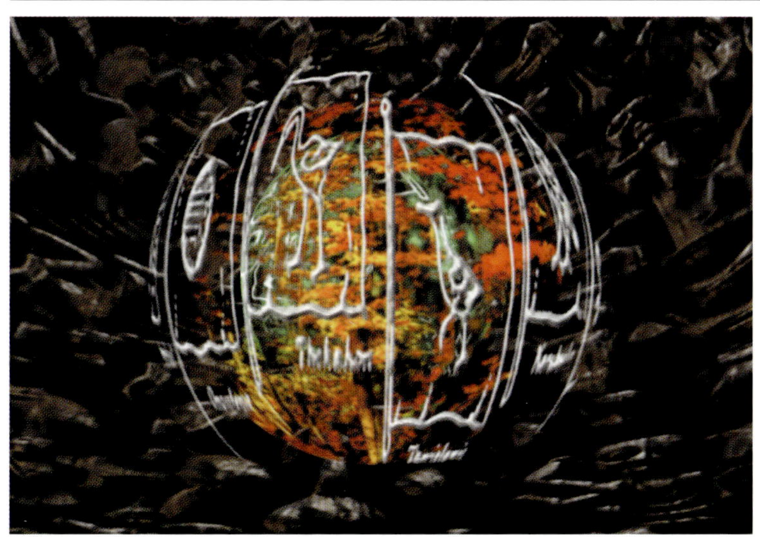

Gianni Toti, *video artist, poet, writer, militant intellectual, globetrotter… Born in Rome, though in exactly what year remains shrouded in mystery: he puts his own age at some "twenty billion years old". A partisan with the Italian resistance against the German Occupation, later a special correspondant with the communist daily L'Unità, Toti travelled the world, covering congresses and revolutions, taking photographs, translating and publishing fiction and poetry in Italy. He has made films, theatre pieces, written books; in the 1980s his passion for the creation of "new languages for new thoughts" led him to discover electronic imaging. Today he is one of the planet's best-known and most admired video artists. Always passionate, sometimes "in the way", he has never avoided confrontation or exposure and always fought against the commonplace and the banal, using his art in the struggle against imperialism old and new. He lives - occasionally - in Rome.*

"From the Spanish mapmakers? Why not, let's start with those navigators and cartographers who wandered from Newfoundland to what would later be called the St. Lawrence River, trying to get their bearings in that frozen, dazzling land (not, to "discover" it, oh, no! not like Jacques Cartier, the later navigator from St. Malo, who didn't so much want "discover", in any case, as "conquer" – especially gold and power). What those exhausted and disappointed Spaniards finally marked on their maps for the King of Spain was the laconic summary "ACÁ NADA", words which stuck in mapmakers' parlance as the standard phrase for HERE BE NOTHING *(at least other places had* HERE BE LIONS…*).*

(…) Continuing, for a rod or pole of snow or two – as guest "in residence" hosted by his friends from PRIM in Montreal to make a video in synthesized images - before all that electr(i)ronic "nothing" Toti the antique surveyor decided not to let himself be frozen stiff by "discoveries" of Canada (or Ca-nada) and post-Columbian conquests, but to free himself from the prison of the "false discoverers" and the real geno-ethnocide conquistadors who were historically (and in human terms) guilty of the holocausts perpetrated for over 500 years against the First Nations, *and instead to dust off a little electric truth, at least v-ideally…*

How? By putting our neo-technological languages – so often used incongruously – into play and thus overturning the perspective of Jacques Cartier, who from a Western point of view was the "discoverer" of the peoples of the First Nations – who were already there and wanted neither to be discovered nor to be conquered, and who themselves discovered – seen from their opposite point of view – the ships of the explorer-conquistadors. These latter saw only "savages" who in turn saw other human beings greedy only for gold and power…

ACÁ TODO, in other words: HERE BE EVERYTHING, human thought to be freed. Over there right now in KANA'THA, for example, there are thoughts to be freed from the "reservations" which are still maintained by the conquering New Nations *– concentration camps for suicidal depressives, the oh-so-democratic camps which still…*

The fact is that, electronically speaking anyway, we are still "conquistadors", people who are HERE *and still see* NOTHING…" *(Gianni Toti, unpublished text, December 1998)*

GIACOMO VERDE

Residenze temporanee -
Tracciando memorie multiformi

Italia/Italy, 1998, 16'31"

Realizzazione/Directed by:
Giacomo Verde,
Theleme Creazioni Associative

Regia/Camera: Giacomo Verde

Riprese/Photography:
Alessandro Barbadoro, Ornella Barreca,
Giacomo Verde

**Operatore Steadicam/
Steadicam operator:** Pippo Ciliberto

Performer: Giovanni (Vanni) Ciluffo

Installazioni/Installations:
Gabriele Sossella

Musica/Music: Massimo Cittadini

**Osservazione creativa/
Creative observation:** Anna Monteverdi

**Produzione creativa/
Creative production:** Ornella Barreca

Elaborazioni After Effects/After effects:
Maurizio Montagni

Produzione/Production:
Fondazione Teseco per l'Arte

Giacomo Verde (Napoli, 1956) si è
diplomato in arte del tessuto all'Istituto
d'arte di Firenze. Dal 1973 si è dedicato
all'attività teatrale e artistica come autore,
attore, musicista, regista. La sua produzione
video data dal 1983 e unisce l'attenzione
per mezzi e materiali "poveri" e la
tradizione teatrale con una sperimentazione
eclettica e critica delle nuove tecnologie
elettroniche. Ha fondato la società di
produzione Sestessivideo, ha insegnato a
distruggere televisori, ha scritto,
polemizzato, inventato formule. Si definisce
teknoartista. Dal 1998 vive a Lucca.

*Giacomo Verde was born in Naples in 1956
and gained a diploma in textile arts at the Art
Institute of Florence. Since 1973 he has
dedicated himself to the theatre and the arts as
author, actor, musician, director. His video
productions date back to 1983 and combine
attention to "poor" media and materials and
the theatrical tradition with an
experimentalism that is both eclectic and
critical of the new electronic technologies. He
founded the Sestessivideo production company,
taught how to destroy television sets, written,
polemicized, invented formulae and
definitions. He is currently preparing an
interactive theatre performance called
"Mandala Stories". He defines himself as a
"teknoartist". Since 1998 he has lived in Lucca.*

Di Giacomo Verde nell'archivio Invideo:
*Stati d'animo; Tutto quello che rimane;
Se stessi video ritratti; Acquanera Blues-
Il teatro della memoria*

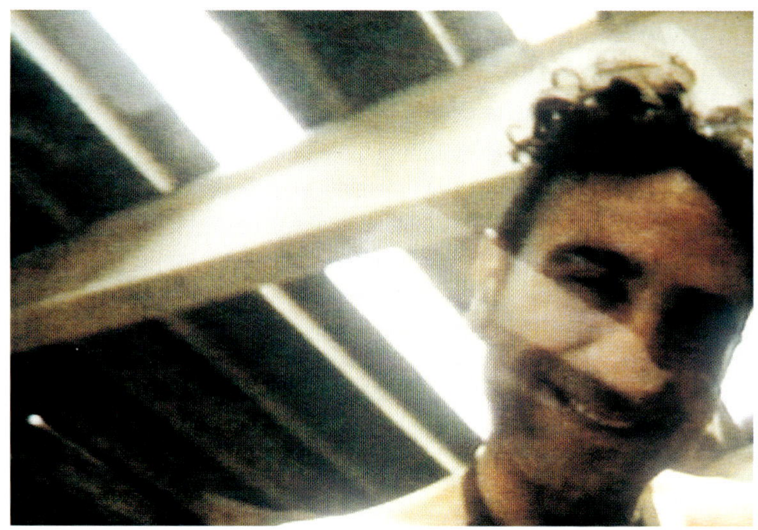

Un'enorme fabbrica abbandonata di piastrelle, vicino a Pisa, di cui resta una spessa patina di caolino per terra e oggetti e ferraglie di vario tipo. Il video mette in scena il corpo di un attore-esploratore che da solo, o sdoppiato e moltiplicato dagli effetti elettronici, si rapporta allo spazio in vari modi. L'inventario di oggetti ricreati costruisce uno spazio diverso, che alla fine sembra nascere a nuova vita dopo il grande falò notturno del tronco. Arrivano gli operai, il restauro comincia... Parallelamente alla realizzazione del video è stato scritto da Anna Monteverdi un *Diario*, con foto di Jacopo Benassi, edito da Sestante (Ascoli Piceno, 1998).

"Il progetto *Residenze temporanee* si è basato sulla creazione di due oggetti di memoria su due diversi supporti in grado di richiamarsi e concatenarsi l'un l'altro: un video e un libro. Ho chiesto ad alcuni artisti amici e al gruppo di 'Theleme creazioni associative' di abitare per alcuni giorni gli spazi della futura azienda per realizzare, sotto la mia direzione, una memoria video sullo stato temporaneo degli ambienti e sugli stati d'animo ad essi collegati..." (Giacomo Verde)

An enormous abandoned tile factory not far from Pisa, where the ground is still covered by a thick layer of kaolin, with metal and other objects of various kinds. The video follows the body of an actor-explorer who – either on his own or else doubled or multiplied by electronic effects – relates to the space in various ways. The inventory of recreated objects constructs a different space, which finally seems to be born to new life after the great night-time bonfire of the tree trunk. The workers arrive, restoration work begins... In parallel with the making of the video, Anna Monteverdi wrote a Diary, with photographs by Jacopo Benassi, published by Sestante (Ascoli Piceno, 1998).

"The Residenze temporanee project was based on the creation of two objects of memory on two different supports, capable of interlinking with and recalling each other: a video and a book. I asked a number of artist friends of mine and the Theleme Creazioni Associative group to live through, under my direction, for a few days in the spaces of the future company-to-be, a video memory on the temporary state of the spaces and on the states of mind connected with it..." (Giacomo Verde)

TRINE VESTER
Stemmer

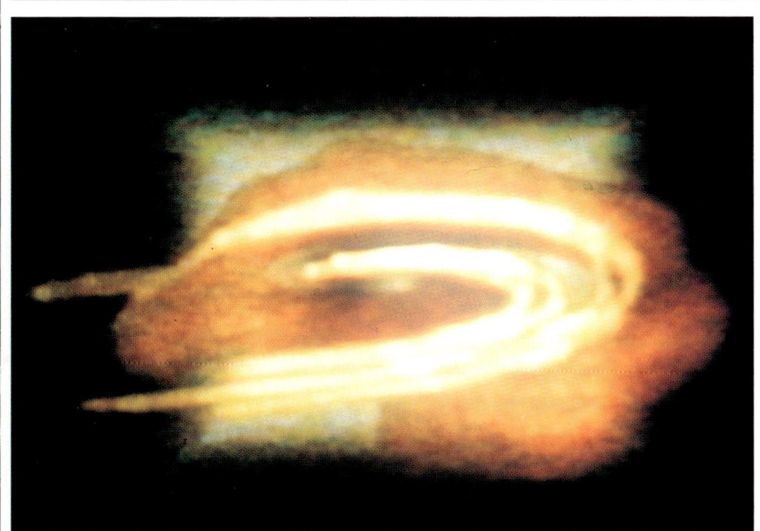

Danimarca/Denmark, 1997, 5'

Soggetto, realizzazione, riprese, suono, montaggio/Idea, direction, photography, sound, editing: Trine Vester

Produzione/Production: Danish Film Institute

Trine Vester (Viborg, Danimarca, 1957; prematuramente scomparsa all'inizio del 1998) si è diplomata all'Accademia reale di Belle Arti di Copenhagen nel 1983. Ha lavorato come illustratrice di libri ma ha fatto anche videoinstallazioni, disegni animati e video, e ha collaborato con la radio e la TV danesi per alcune produzioni sperimentali. Ha partecipato a numerosi festival internazionali e nel 1996 ha vinto il secondo premio, con *Larm/Noise*, all'Internationaler Videokunstpreis, Karlsruhe, Germania.

Trine Vester *was born in Viborg, Denmark, in 1957 and died at an early age in 1998. She gained a diploma at the Academy of Fine Arts in Copenhagen in 1983. She worked as a book illustrator, but was also active in video installations, animated drawings and video, as well as working on a number of experimental productions for Danish Radio and Television. She took part in numerous international festivals and with* Larm (Noise) *was placed second at the international Videokunstpreis in Karlsruhe, Germany.*

Di Trine Vester nell'archivio Invideo:
Larm/Noise

C on questo lavoro di grande bellezza ed eleganza (purtroppo il suo ultimo) Trine Vester continua la sua esplorazione delle combinazioni di forme generate dal computer con elementi pittorici tradizionali. La ricerca riguarda anche il suono, inteso come segnale e come generatore di effetti visivi. In una serie di combinazioni formali il suono e l'immagine si incontrano, sospesi fra astrazione e figure riconoscibili e archetipiche (come l'uovo) in una sorta di scavo nella comunicazione verbale e visuale.

"Un esperimento in computer animation astratta. Otto brevi sequenze sonore della comunicazione verbale umana, a cui una animazione al computer si rapporta direttamente, cercando di moltiplicare la lettura non-verbale, primitiva e sensitiva dei suoni umani. *Stemmer* (Voci) è la seconda parte della trilogia *Noise/Voices/Silence* - uno studio sul suono reale, dal vivo, e le sue risonanze mentali e visive." (Trine Vester)

W *ith this work of great elegance and beauty (sadly destined to be her last), Trine Vester continued her exploration of the combinations of computer-generated forms with traditional pictorial elements. Her research also concerns sound, understood as a signal and generator of visual effects. Sound and image are worked together in a series of formal combinations, suspended between abstraction and recognizable, archetypal figures (such as the egg) in a kind of excavation into verbal and visual communication.*

"An experiment in abstract computer animation. 8 short sound sequences of human verbal communication, to which a raw and abstract computer animation relates itself directly, trying to multiply the non-verbal, primitive sensitive reading of human sounds. Stemmer is the second part of the trilogy Noise/Voices/Silence – a study in real-life sounds and their mental visual resonance."
(Trine Vester)

MARGARET WILLIAMS
Men

Gran Bretagna/United Kingdom, 1997, 20'

Regia/Directed by: Margaret Williams

Coreografia/Choreography:
Victoria Marks

Riprese/Photography:
David Scott, Mick Duffield,
Margaret Williams

Montaggio/Editing: John Middlewick

Musica/Music: Andy Teirstein

Produzione/Production:
MJW Productions, The Arts Council, BBC

Margaret Williams è una delle più importanti e affermate registe inglesi, soprattutto nel campo video con una forte componente musicale e di danza. Ha fondato la sua compagnia cinematografica nel 1975, specializzandosi in musica e film artistici. Ha lavorato spesso nell'ambito dei progetti varati dalla BBC e dall'Arts Council. Da qualche anno collabora strettamente con la coreografa Victoria Marks, con cui ha realizzato opere di videodanza di grande suggestione e successo, come *Outside in* e *Mothers and Daughters*.

Margaret Williams *is one of the United Kingdom's most important and best known directors, especially in the field of video with a high dance and music content. She set up her own cinema company in 1975, specializing in music and arts films. She has frequently been involved on BBC and Arts Council projects. For some years she has worked together with the choreographer Victoria Marks, with whom she has made such highly effective and successful dance videos as* Outside In *and* Mothers and Daughters.

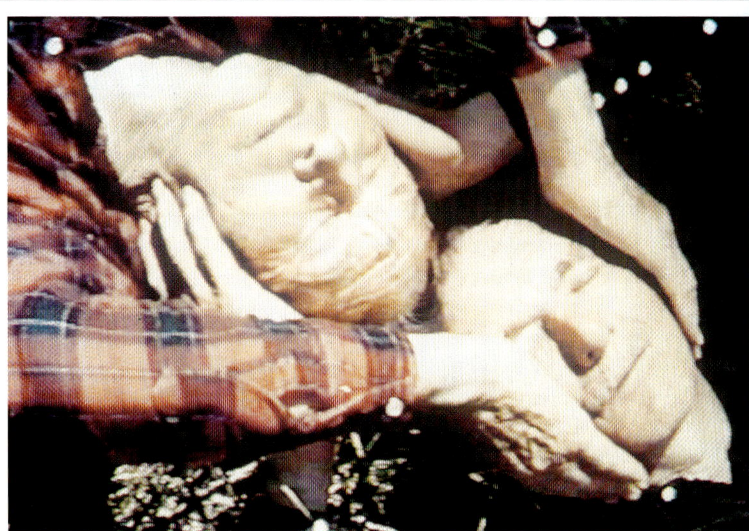

In *Men* i protagonisti non sono ballerini professionisti, ma uomini anziani (intorno ai settantanni) che vivono in Canada, sulle Montagne Rocciose, e che non hanno mai avuto dimestichezza con lo spettacolo e la performance. Mantenendo intatta la propria identità, questi sette uomini mettono in scena, stilizzandole, situazioni quotidiane che evocano il lavoro, i ricordi, l'amicizia, il rapporto col paesaggio e con se stessi. Ne risulta un ritratto delicato e tenero, velato di umorismo e nostalgia.

"Preferisco collaborare attivamente con il coreografo...per far sì che la danza funzioni nel film, bisogna prima che il film funzioni per me - deve distinguersi da tutti gli altri programmi televisivi. Sono più influenzata dai film di fiction che dai programmi per la televisione. Credo nel matrimonio tra danza e film, ma non sono monogama."
(Margaret Williams, Catalogo Riccione TTV, 1995)

Margaret Williams is one of the United Kingdom's most important and best known directors, especially in the field of video with a high dance and music content. She set up her own cinema company in 1975, specializing in music and arts films. She has frequently been involved on BBC and Arts Council projects. For some years she has worked together with the choreographer Victoria Marks, with whom she has made such highly effective and successful dance videos as Outside In *and* Mothers and Daughters.

In Men *the leading players are not professional dancers but old men (around sixty years of age). They come from the Canadian Rockies and have never had any kind of experience of being involved in performance or entertainment. Preserving their own identity intact, these seven men act out stylised day-to-day situations which evoke work, memories, friendships, their relationship with the landscape and each other. What results is a delicate and tender portrait, veiled with nostalgia and a sense of fun.*

"I prefer to work actively together with the choreographer... In order for dance to work in the film, the film first has to work for me – it has to be distinguishable from all the other programmes on TV. I'm more influenced by fiction features than by television programmes. I believe in the marriage between dance and film, but I'm not monogamous."
(Margaret Williams, Riccione TTV catalogue, 1998)

Geografie della memoria

Geographies of Memory

MICHAEL DWASS
Where Did Forever Go?

USA, 1997, 29'

Regia e riprese/Directed and photographed by: Michael Dwass

Montaggio/Editing:
Michael Dwass, Alba Rosso

Produzione/Production:
Priority X Productions, New York

Michael Dwass è fotografo e cineasta indipendente. Ha realizzato numerosi cortometraggi, fra cui *Lunch* (1990), *Endless Tango* (1993), *BWay* (1996). Lavora prevalentemente in cinema. Vive a New York.

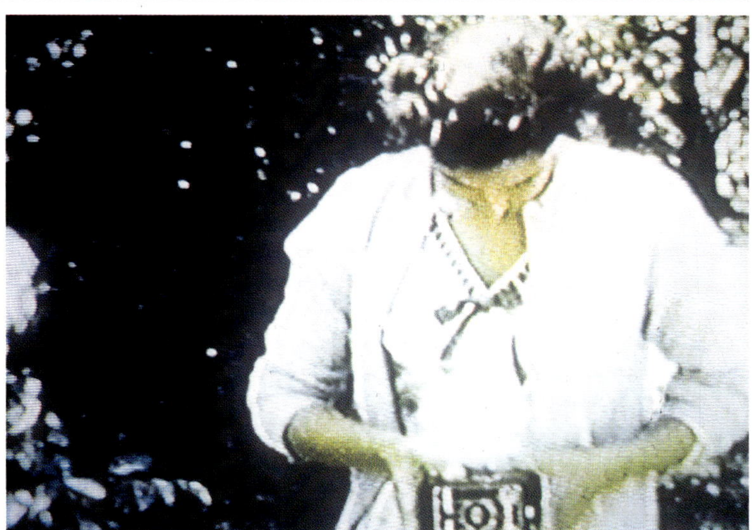

Il film assembla, con un delicato e appassionato lavoro di montaggio, frammenti di cinema amatoriale e di famiglia raccolti nell'arco di un'intera vita. Per decenni seguiamo i ritratti gioiosi, poi sempre più cupi e misteriosi, della vita di una donna, madre di famiglia, inabissatasi piano piano nella malattia e nel distacco dal mondo. Film di film (8mm e 16mm) trasferito in video, diario, cronaca intima di un'epoca e insieme riflessione sulla memoria e sul passaggio tenero e crudele del tempo, ma anche esempio commovente di come gli spezzoni dimenticati di pellicola possano essere ricreati per dar vita a una nuova opera. Il videofilm ha ottenuto vari premi, e una menzione speciale alla 20ª edizione del Festival Cinéma du Réel, Parigi 1998.

"*Where Did Forever Go?* è un film personale, il ritratto di una donna e della sua famiglia, creato a partire da un collage di immagini e di ricordi dagli anni Cinquanta fino agli anni Novanta. La storia della famiglia si sviluppa cronologicamente, lungo le tenere reminiscenze di un tempo perduto che sembrava potesse durare per sempre. È difficile stabilire quando i ricordi della felicità hanno cominciato a tingersi di tristezza e di rabbia. Quel che è successo resta un mistero annidato in un labirinto di cellule mentali che si degenerano, e in disfunzioni cerebrali." (Michael Dwass, Catalogo Cinéma du Réel 20ª edizione, Parigi marzo 1998)

"...Ancora una madre al centro del racconto in *Where Did Forever Go?* di Michael Dwass (...) Cuore pulsante di questa vita dall'apparenza serena, perfino troppo famiglia-felice senza contrasti ne' incomprensioni, *la mamma*. Sempre lì, sempre sorridente, sempre pronta ad avere un gesto, sempre perfetta... Finché la madre impazzisce. Smette di parlare, di pensare, di sorridere, di essere persona - ma siamo sicuri che lo era, *persona*? I figli sono stupiti, la vedono lontana, chiusa nel suo mondo, rabbiosa. Così fino alla morte. 'Cosa è *per sempre*?', si chiede la voce fuoricampo citando la formula del matrimonio. Chissà, forse è non essere sempre genitore, sempre figlio per esempio..." (Cristina Piccino, "Ecco le mamme doc", *il manifesto,* 22 marzo 1998)

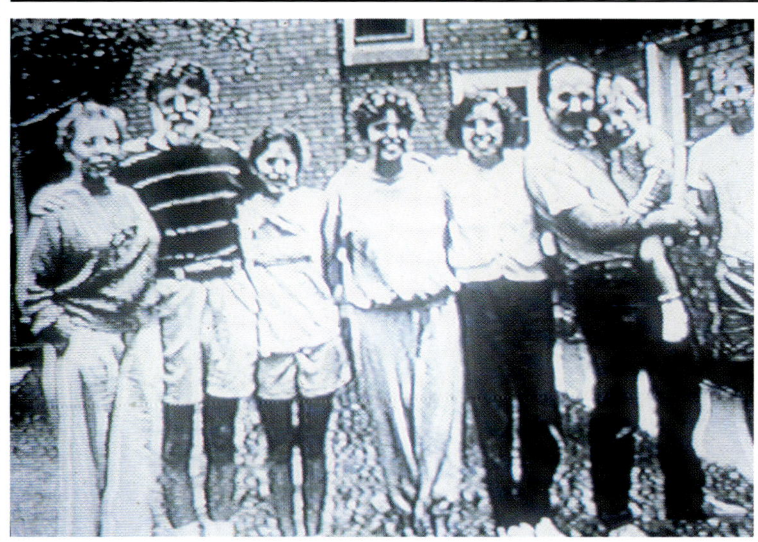

Michael Dwass *is an independent photographer and filmmaker. He has made many short subjects, including* Lunch *(1990),* Endless Tango *(1993),* Bway *(1996). He lives in New York and works principally in the cinema.*

T he film uses a delicate, emotionally charged editing process to assemble fragments of amateur and family cinema collected over a lifetime. For decades we follow the initially joyous, later increasingly gloomy and mysterious portraits from the life of a woman, the mother of a family, who gradually sinks into illness and detachment from the world. A film compiled from super 8 and 16mm footage transferred to tape, a diary and intimate chronicle of a period, and at the same time a reflection on memory and on the cruel and tender passage of time, as also a moving example of how forgotten snippets of film can be revived to give life to an entirely new work. The video has won a variety of awards and a special mention at the 20th Cinéma du Réel *Festival in Paris in 1998.*

Where Did Forever Go? is a personal documentary film, a portrait of a woman and her family, created with a collage of images and memories from the fifties to the nineties. The family history flows chronologically with the sweet recollections of the lost time that it seemed could continue forever. It is hard to determine when the memories of happiness started to dissolve with sadness and anger. What happened is a mystery hidden in the labyrinth of decaying brain cells and cerebral malfunctions." (Michael Dwass, in the Catalogue to the 20th Cinéma du Réel Festival, *Paris, March 1998)*

"...Another mother is at the centre of the story in Where Did Forever Go? *by Michael Dwass (...) The beating heart of this apparently peaceful existence, this almost too happy a family with never a disagreement nor a misunderstanding, is* Mom. *Always there, always smiling, always ready to intervene and always in the right way... Until the mother goes crazy. She stops talking, thinking, smiling, being a person – but then are we so sure that she was a person? The children are amazed, they see her distant, locked in her own world, angry. And so she stays until she dies. "What is forever?" asks the voice over, referring to the words of the marriage ceremony. Who knows, perhaps for instance it means not being forever a parent, forever a child..." (Cristina Piccino,* Ecco le mamme doc, *in the Italian daily Il Manifesto, 22 March 1998)*

THEO ESHETU

Il sangue non è acqua fresca

Italia/Italy, 1997, 56'

Sceneggiatura e regia/Written and directed by: Theo Eshetu

Aiuto regista/Assistant director: Rory Logsdail

Animazione/Animation: David del Bufalo

Suono/Sound: Keir Fraser, Marco Scocchera

Montaggio/Editing: Walter Fasano

Narratori/Narrators: Theo Eshetu, Julian Warde Jones, Emma Stowe, Monica Piseddu, Alan Jones, Rory Logsdail, Esther Eshetu, Mulu Seifu, Ababu Minda, Rinaldo Rainero

Interpreti/Cast: Tekle Tsadik Mekouria, Zewde Gebre Selassie, Richard Pankhurst, Shiferaw Bekele, Tsegaye Gabre-Medhin, Sua Santità Abuna Paolos, David Turton, Donald C. Johanson

Produzione/Production: Eve M. Silvester per White Light

Theo Eshetu (Londra, Gran Bretagna, 1958), padre etiope, madre olandese, è uno dei nostri autori video più conosciuti e premiati, anche all'estero. Vive a Roma dal 1982 e ha realizzato numerosi video mescolando creativamente cinema, foto, pittura, linguaggio televisivo, computer graphics, arte teatrale... Lavora da sempre sui temi legati alla ritualità sacra e profana, con oscillazioni fra antropologia, arte, iconografia scientifica. Nel 1986 ha fondato la casa di produzione White Light. Oltre a girare video, ha realizzato libri fotografici e installazioni. Come ha scritto Rosario Sapienza, Eshetu "attraverso un continuo gioco di specchi e di rimandi, in cui generi televisivi, déjà vu massmediali, riferimenti collettivi fatti di immagini e di musica, di documenti di immagini d'archivio, di interviste in perfetto stile BBC anni Settanta, di riferimenti a sperimentazioni di cinema antropologico, di incalzanti montaggi da videoclip, di dissolvenze e di rapidissimi inserti quasi subliminali...si interroga continuamente sulla irrisolta dialettica fra la vocazione all'addomesticamento esercitata dai vari generi televisivi e la forza impulsiva e primigenia delle immagini, dei colori, dei suoni e della musica che trapela, nonostante tutto anche attraverso un monitor, dalla realtà".

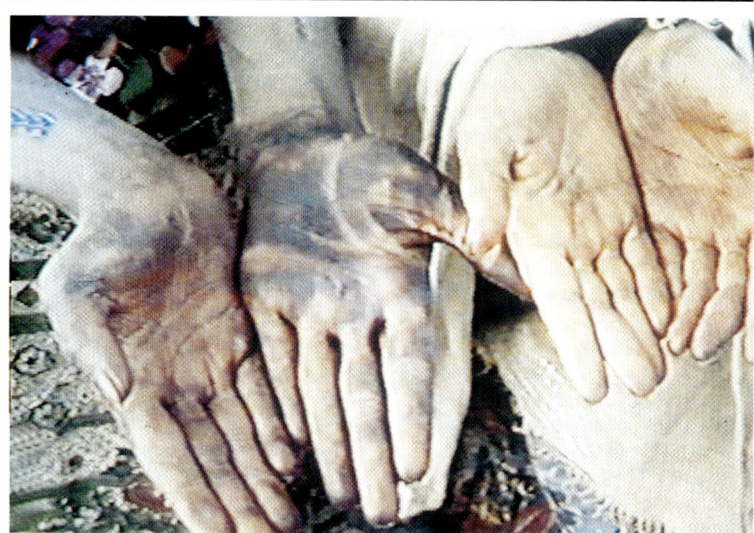

Il video racconta un viaggio in Etiopia da parte dell'autore, che è anche narratore, alla ricerca delle proprie radici e in particolare alla scoperta della figura del nonno, Teklesadik Mekuria, il più importante storico etiope. I due si rincontrano dopo 25 anni, e i racconti mescolano memoria privata e memoria storica, osservazione e introspezione, gli straordinari e acuti racconti del nonno e i ricordi e le riflessioni dell'autore. Il linguaggio video è dispiegato non solo nelle sue valenze documentarie ma anche nella sua capacità di stabilire un rapporto ravvicinato con gli altri, di farsi taccuino d'appunti, di piegarsi, malleabile, alle mutazioni (alle emozioni) dello sguardo. Immagini d'archivio, paesaggi, volti, si incrociano, proponendo non solo una vicenda personale ma la necessità di leggere la storia diversamente.

"...Qui, il tema dell'Altro viene espresso nel suo duplice aspetto della vicinanza e della lontananza partendo da un punto di vista più etiope che legato all'interpretazione europea della cultura etiope. E anzi proprio 'l'occhio che osserva' è un altro grande protagonista...: l'uso della videocamera e del montaggio ci restituiscono non solo una Etiopia insolita, ma una vera e propria riflessione sulle forma della narrazione televisiva (...) Affidando il filo del discorso alla teatralità delle immagini, alla forza dei colori e delle situazioni rappresentate, l'autore sperimenta gli strumenti narrativi del documentario senza rinunciare alle forme e ai modi espressivi tipici della videoarte." (Rosario Sapienza, Catalogo "Nuovo Cinema", 34a Mostra Internazionale del Nuovo Cinema, Pesaro 1998, ed. Il Castoro, Milano 1998)

"...La cultura etiope è così vasta che l'unico modo in cui posso comprenderla è attraverso il mio ricordo personale del posto dove ho vissuto da uno a cinque anni. All'improvviso mi trovo ad affogare nella memoria, in un flusso turbolento di coscienza dove dati e cifre si combinano con leggende e finzioni narrative creando un collage tridimensionale di immagini. Il personale e l'universale diventano tutt'uno, il passato e il futuro diventano il presente. Tutto succede allo stesso istante come se la mia intera vita diventasse un'unica immagine inintelligibile costruita dalla storia di questo paese (...) Questo video è più su quello che non sappiamo che su quello che sappiamo..." (Theo Eshetu, Catalogo "Nuovo Cinema", cit.)

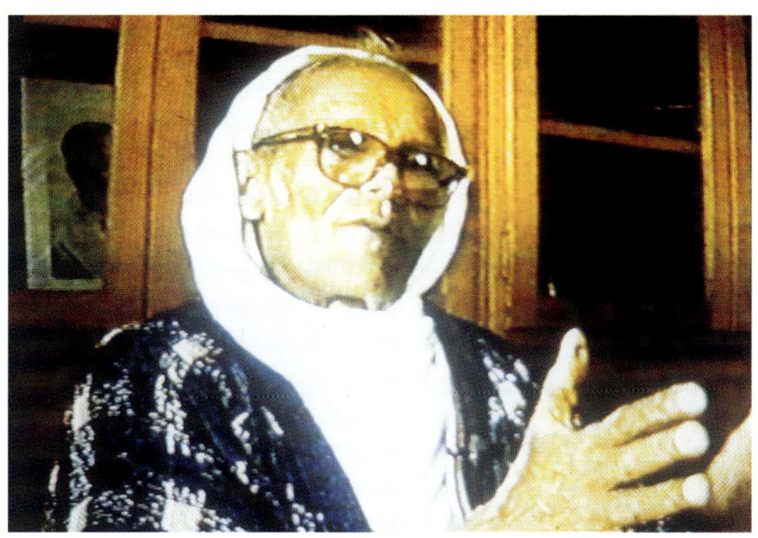

The video is an account of a trip to Ethiopia by the director – who is also the narrator – in search of his roots and in particular to discover the figure of his grandfather, Tekle Tsadik Mekouria, Ethiopia's leading historian. The two men meet after 25 years, and what they have to say to each other is a mixture of private and historical memory, observation and introspection, the extraordinary, perceptive tales of the grandfather and the memories and reflections of the narrator. The language of video is employed not just for its documentary value, but also because of its capacity to establish a close rapport with people, to function as a notebook, to be malleable and bend to the changes and emotions in a point of view. Archive images, landscapes, faces are all interwoven, putting forward not just a personal experience but the need for a different approach to interpreting history.

"…Here the theme of the Other is expressed in its dual aspect of closeness and remoteness, departing from a point of view which is more Ethiopian than bound to the European interpretation of Ethiopian culture. On the contrary, 'the observing eye' has a leading part to play… the use of video filming and editing gives us not only an unusual Ethiopia, but a genuine meditation on the narrative television form (…) Entrusting the thread of the argument to the theatrical nature of the images, the strength of the colours and situations shown, the director experiments with the narrative tools of documentary, but without renouncing the forms and expressive possibilities typical of video art." (Rosario Sapienza, in Nuovo Cinema, catalogue to the 34th International Exhibition of New Cinema, Pesaro 1998, published by Il Castoro, Milan 1998)

"…Ethiopian culture is so vast that the only way I can understand it is through my personal memory of the place where I lived from 1 to 5 years old. Suddenly I find myself drowning in memory, in a turbulent stream of consciousness where facts and figures combine with legends and narrative fictions, creating a three-dimensional collage of images. The personal and the universal become one, the past and the future become the present. Everything happens at the same moment as if my whole life were becoming a single intelligible image constructed on the history of this country (…) This video is more about what we do not know than about what we know…" (Theo Eshetu, in the catalogue New Cinema, op.cit.)

Theo Eshetu *was born in London in 1958 to an Ethiopian father and a Dutch mother, and is now one of the best known and most successful videomakers working in Italy, with an international reputation. He has lived in Rome since 1982 and has made numerous videos, creatively mixing cinema, photography, painting, television idiom, computer graphics and theatre arts… He has consistently worked with themes related to sacred and profane ritual, oscillating between anthropology, art, scientific iconography. In 1986 he founded the White Light production company. As well as making videos, he has been the author of photographic books and installations. In the words of Rosario Sapienza, Eshetu "uses a continuous game of mirrors and references, including television genres, déjà vu from the mass media, collective references to images and music, archive documents and pictures, interviews in pure Seventies BBC style, referrals to experimental anthropological cinema, rapid video-clip-like editing, fades and almost subliminally brief inserts…to question constantly the unresolved dialectic between the vocation to toe the line exercised by the various genres of television, and the impulsive, primordial energy of pictures, colours, sounds and music which still slips out from reality - including through the video screen - no matter what you do to stop it.*

Di Theo Eshetu nell'archivio Invideo:
Mass-Memory; Horses; Sogno della città ideale

YUDI SEWRAJ

A box of his own

Canada, 1997, 20'

Soggetto, sceneggiatura, riprese, montaggio:/Idea, script, photography, editing: Yudi Sewraj

Musica/Music: Nelson Henricks

Produzione/Production: Vidéographe, Montreal

Yudi Sewraj (Georgetown, Guyana, 1968) è arrivato in Canada con la famiglia nel 1975. Ha studiato arte e design; realizza video dal 1990, ma è anche autore di performance, organizzatore culturale, progettista grafico. Ha scritto vari testi e saggi in volumi e riviste e ha svolto attività didattica. *A box of his own* (Una scatola tutta per sé) lo ha fatto conoscere a livello internazionale. Vive e lavora a Montreal.

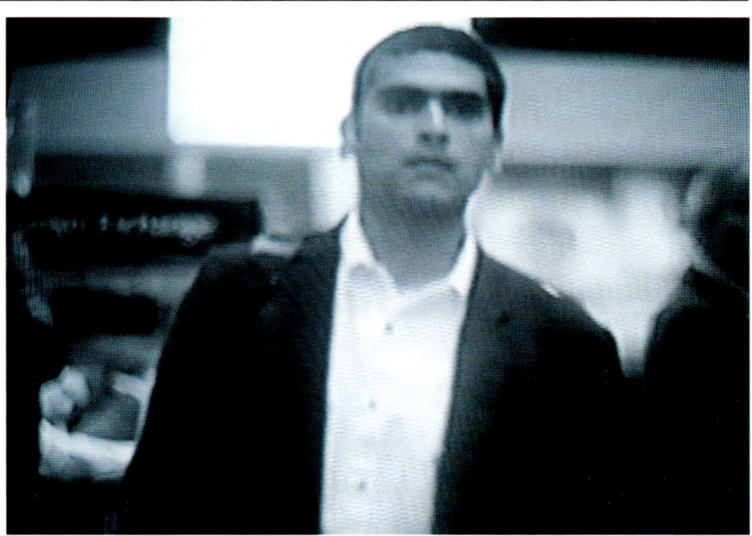

Diario di viaggio malinconico e a tratti sottilmente divertente alla ricerca delle proprie radici: la telecamera è usata volutamente come taccuino d'appunti alla scoperta di terre lontane e per registrare gli incontri con i parenti da far poi rivedere, una volta tornato a casa, alla madre. Il commento è affidato in gran parte alla lettura, fuori campo, di una serie di lettere inviate dal protagonista a vari interlocutori: la madre, un amico, la ragazza. Per ognuno, un tono e un taglio diverso del racconto. Il viaggio, la bellezza del paesaggio, gli incontri, le dissonanze sembrano pian piano modificare il protagonista che, partito alla scoperta delle proprie radici, finirà con l'accettare il fidanzamento con una ragazza del posto, combinato dai parenti. Infine il ritorno alla "modernità", all'isolamento, ai messaggi sulla segreteria telefonica, alla solitudine tecnologica del piccolo appartamento di città...

"Un uomo fa un sogno alquanto insolito. Sua madre lo interpreta come un messaggio degli avi che lo richiamano al suo luogo natìo. Va a trovare membri della sua famiglia che non aveva mai incontrato prima e registra le immagini del viaggio con una videocamera. Tornato a casa, costruisce un grande box in legno in mezzo al soggiorno. L'interno della 'scatola' assomiglia alla cabina di un peep-show. Le immagini scorrono davanti a lui, e presto dimenticherà il motivo per cui ha costruito quella scatola." (Yudi Sewraj, Catalogo "L'immagine leggera", Palermo 1998)

Il video ha vinto il secondo premio (assegnato da una giuria internazionale e attribuito da "Planète") alla terza edizione del festival "L'immagine leggera" di Palermo, 1998. Queste le motivazioni della giuria: "Il video fonde con leggerezza, delicatezza e un certo humour i codici del réportage di viaggio e della finzione mettendo a confronto, per la ricerca delle proprie radici, media tradizionali come la lettera e il diario con i dispositivi odierni della comunicazione."

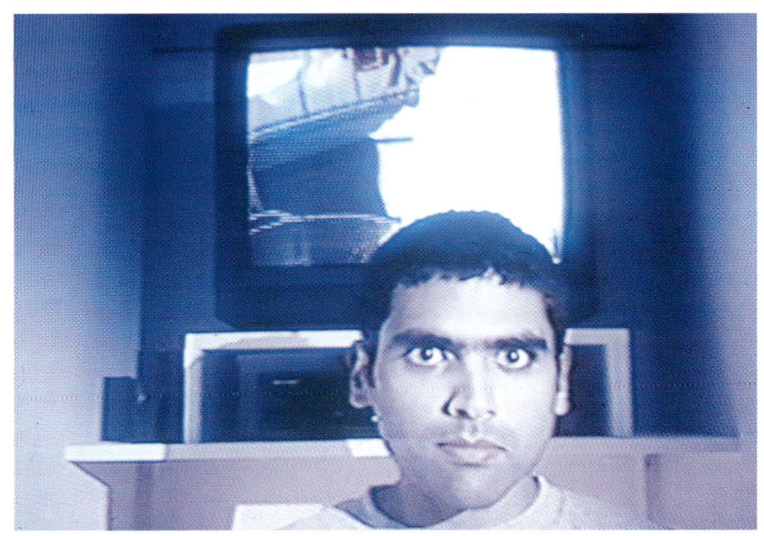

Yudi Sewraj *was born in Georgetown, Guyana, in 1968 and emigrated to Canada with his family in 1975. He studied art and design and has been making videos since 1990, but he is also a performance artist, cultural organizer and graphic designer. He has written a number of essays and articles published in books and magazines, and has also worked as a teacher.* A Box of His Own *has gained him an international reputation. He lives and works in Montreal.*

*T*he diary of a melancholy and sometimes subtly humorous journey in search of family roots: the camera is deliberately used as a kind of travel notebook for the impressions of discovery of distant lands and for recording the meetings with far-off relatives, so that everything can be shown to mother on returning home.
Most of the commentary is taken up by a voice over which reads a series of letters sent by the main character to various people: his mother, a friend, his girlfriend. For each addressee, the tone and shape of the account is different. The journey, the beauty of the landscape, the meetings, the dissonances gradually seem to modify the character: he set out to discover his own roots but will end up by accepting his engagement to a local girl, all arranged by the families. Then at last the return to "civilization", isolation, the messages on his answering machine, the technological solitude of his small apartment in the city…

"A man has an unusual dream. His mother interprets it as a message from his ancestors, calling him back to the place where he was born. He vists members of his family he has never met and records his trip with a video camera. When he returns, he constructs a box in the middle of his living room. The inside of the box resembles a peep-show closet. The images pass in front of him, and it isn't long before he forgets why he built the box in the first place." (Yudi Sewraj, in the catalogue to L'immagine leggera, Palermo 1998)

This video won the second prize (awarded by an international jury and given by Planète) at the third L'immagine leggera festival in Palermo in 1998. The jury explained its decision as follows: "The video fuses the codes of travel reporting and fiction with a light, delicate touch and a particular sense of humour, making a comparison, in the search for family roots, between traditional media such as letter-writing and a diary made with today's modern communication tools."

PÉTER FORGÁCS

Free Fall (Private Hungary) - Part X. Private War / II

Ungheria/Hungary, 1996, 75'

Regia/Directed by: Péter Forgács

Riprese/Photography: Gyorgy Petö

Montaggio/Editing: Péter Forgács

Suono/Sound: Zsolt Hubay

Musica/Music: Tibor Szemzö

Produzione/Production: BBSA, MTV Dokumentum Muhely c/o Magyar Filmunio in collaborazione con Hungarian Historic Motion Picture Foundation; Soros Foundation Media Program, HTV Documents Studio, Private Photo and Film Archive.

Péter Forgács (Budapest, Ungheria, 1950) si è formato all'Accademia di Belle Arti della sua città. Lavora da oltre vent'anni con creazioni in campo artistico, installazioni, performance, e video. Da anni ricerca ostinatamente immagini cinematografiche private e d'archivio in tutta Europa. Il suo ultimo lavoro *De maalstrom-een familie kroniek* (1998) ripercorre le memorie di una famiglia di ebrei olandesi attraverso vecchi film in super8: "è la microstoria e la Storia nel contempo, il privato della famiglia e in parallelo l'avanzata del nazismo, il tutto raccontato con lo stile ormai affermato del regista ungherese che lavora molto sulle inquadrature e sul montaggio alternato e utilizza in modo originale rallenty, dissolvenze e fermo immagine" (Antonia Naim, *il manifesto*, 23 settembre 1998). Forgács vive e lavora a Budapest.

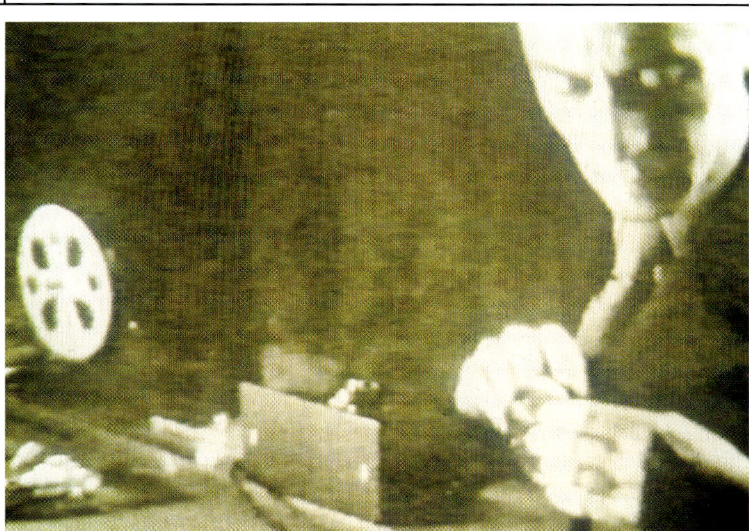

Forgács compone qui un nuovo tassello nella sua serie di opere che ricostruiscono la memoria (storica e cinematografica) del suo paese, ripercorrendo in questo caso la collezione di immagini girate in 8mm da Gyuri Petö a partire dal 1938. Con l'uso di cornici e "finestre", dissolvenze, rallentamenti, scritte sullo schermo, evidenziazione grafica di questo o quel personaggio in fermo-immagine, Forgács "ricrea" il materiale originario, ridando unità a spezzoni disordinati e intrecciando le storie private e l'intimità di una famiglia di ebrei ungheresi con le drammatiche vicende collegate all'invasione hitleriana e alle leggi antisemite che condussero alla deportazione in massa e allo sterminio degli ebrei. La parte sonora intreccia canzoni, musiche originali di Tibor Szemzö, voci, registrazioni storiche dell'epoca, testi poetici di Janos Pilinszky. *Free Fall* ha vinto il 1° premio al Festival documentario internazionale di Marsiglia Vue sur les Docs 1997.

"La serie di destini privati di Péter Forgacs si arricchisce di una video-opera dall'insolito approccio. All'inizio della primavera 1944, quando tutti gli ebrei nell'Europa occupata dai nazisti erano scomparsi, la comunità ebrea ungherese era ancora intatta. Com'era possibile? Come sono sprofondati, come sono stati inghiottiti dalla tormenta nazista? Qual era, vista dall'interno, la vita di queste "future vittime" in questo clima pesante? Il film evoca il linguaggio brutale delle leggi antisemite del 1938 e le sue conseguenze. Quale comprensione si può avere della legge se vi viene sussurrata all'orecchio da una voce angelica? Il senso di sicurezza che piano piano si sgretola, il restringersi dello spazio vitale, eventi imprevedibili, e la speranza, fino alla fine... Come si soffocano i segnali spaventosi di evidenze minacciose? Come si sgretolano, giorno dopo giorno, le illusioni della famiglia di ebrei ungheresi? I film di famiglia del signor Peto sono la magica fonte per quest'epoca, realizzati fra il 1938 e il marzo 1944. *Free Fall* è un film privato-video opera, composto su queste immagini cinematografiche private, con la musica originale di Tibor Szemzö." (Catalogo Vue sur les Docs, 8° Festival International du Film Documentaire, Marsiglia 16-21 giugno 1997)

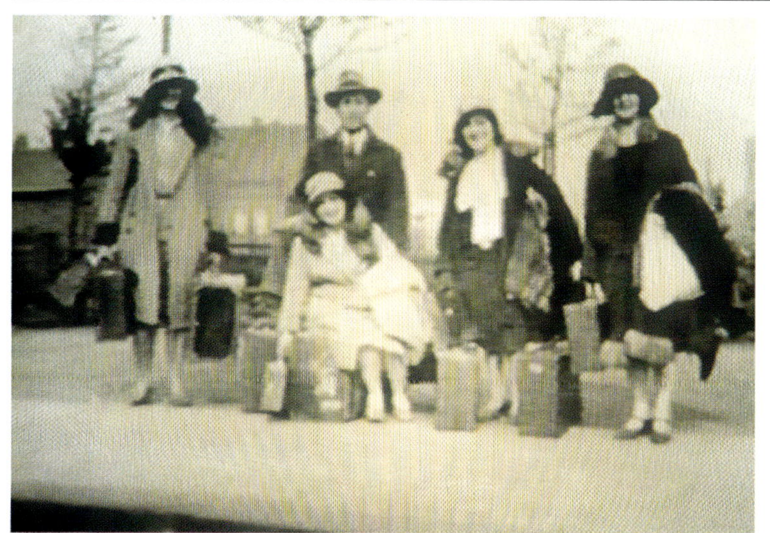

Péter Forgács *was born in 1950 in Budapest, where he lives today. After training at the city's Academy of Fine Arts, he has worked for over twenty years in art, installations, performances and video. He has also for many years been a keen collector of private and archive cinema footage from all over Europe. His latest work,* De maalstrom – een familie kroniek *(1998) takes us through the memories of a Dutch Jewish family using old super 8 films: "it is at once microhistory and History, private family life and at the same time the advance of Nazism, all told in what has become the Hungarian director's established style, using slow-motion, fade-outs and stills in a highly original way, together with a great deal of alternating shots and editing"* (Antonia Naim, in the Italian daily Il Manifesto, 23 September 1998).

F orgács inserts a new piece into his long-running series of works which explore his country's historical and cinema memories. In this case he has gone through the collection of super 8 material filmed by Gyorgy Petö since 1938. Using frames and 'windows', fade-outs, slow-motion, superscript and graphic highlighting of characters in still shots, Forgács reworks the original material, giving unity to disordered fragments and weaving the intimacy and private lives of a family of Hungarian Jews with the dramatic events of the Nazi invasion and the anti-Semitic laws which led to the mass deportation and extermination of the Jews. The soundtrack mixes songs and original music by Tibor Szemzö, voices, original period recordings and poetry by Janos Pilinszky. Free Fall *took the first prize at the* Vue sur les Docs *international documentary festival in Marseilles in 1997.*

"The private history series of Péter Forgács is enriched by a "video opera", with an unusual approach. When all Jews of Nazi-occupied Europe vanished, the Hungarian Jewish community was still intact in the early Spring of 1944. How did it happen? How did they fall, fall down and/or in? How did they look from the inside, the soon-to-be victims' lives, in that heavy atmosphere? The film evokes the brutal language of the anti-Semitic laws of 1938 and their consequences. How do you understand the law, if an angel's voice recites it to your ears? Slowly eroding the feelings of security, narrowing the sphere of life, unpredictable events, and hopes until the last... how can one suppress the terrible signs of reality? Free Fall is a "private film and video opera" made up from these private images with original music by Tibor Szemzö.

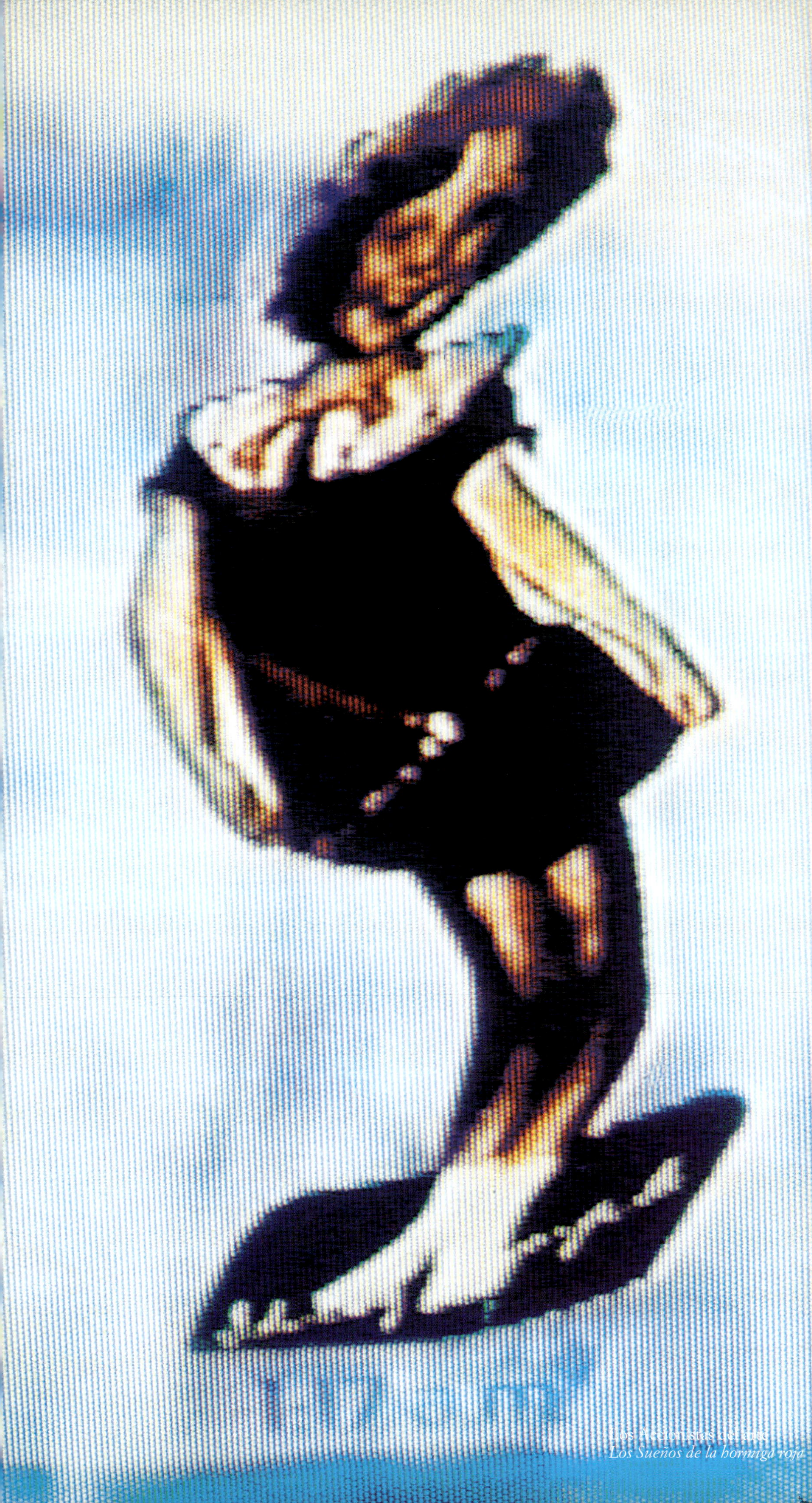

Los Accionistas del arte
Los Sueños de la hormiga roja

Ritratti

Portraits

CARLO CONCINA-CRISTINA MAURELLI

Ignazio Gardella - L'eleganza del rigore

Italia/Italy, 1998, 29'

Regia/Direction:
Carlo Concina, Cristina Maurelli

Fotografia/Photography: Renato Minotti

Suono/Sound: Antonio Cominati

Montaggio/Editing: Carlo Concina

Consulente musiche/Music consultant:
Gaia Chiti Strigelli

Produzione/Production: Medialogo,
Servizio Audiovisivi - Provincia di Milano

Carlo Concina (Milano, 1965) ha
lavorato per vari anni come direttore
della fotografia e montatore ed è ora
regista di documentari, spot e video
industriali.

Cristina Maurelli (Milano, 1964) si è
laureata al DAMS di Bologna; è autrice
di programmi televisivi e regista di
documentari, spot e video industriali.
Insieme hanno realizzato: *Città da vivere*
(1994); *One rupee: India oltre la memoria*
(1996); *Luigi Veronesi: emozioni astratte*
(1997).

Carlo Concina *was born in Milan in
1965. He has worked for several years as a
director of phtography and editor, and
now directs documentaries, advertising
features and industrial videos.*

Cristina Maurelli *was born in Milan in
1964 and graduated from the DAMS
performing arts college in Bologna; she
writes for television and also works as a
director of documentaries, advertising
features and industrial videos.
The two filmmakers have already made
together* Città da vivere *(1994),* One
rupee: India oltre la memoria *(1996),*
Luigi Veronesi: emozioni astratte *(1997).*

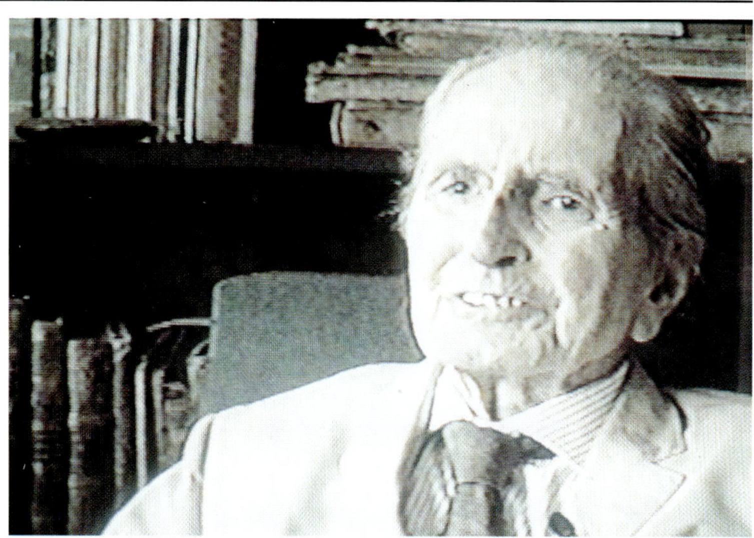

Il video, che fa parte della collezione "Gente di Milano" prodotta dal Medialogo della Provincia, è un omaggio a Ignazio Gardella, il grande architetto razionalista nato a Milano nel 1905. I suoi edifici segnano la storia dell'architettura di questo secolo, e il video li ritrae e li illustra: da Milano ad Alessandria, da Venezia a Genova. Ma le immagini degli edifici sono accompagnate dalle testimonianze di Gardella, dai suoi racconti, dalle sue lucide e pungenti osservazioni. Il video è impaginato con eleganza e "funzionalità", sulla scia delle concezioni dello stesso architetto, per cui non è vero che ciò che è utile è bello, bensì che "tutto ciò che è bello è utile". Un viaggio alla scoperta dell'architettura rigorosa e "pulita" e del talento di questo straordinario ultranovantenne, che ha percorso quasi un secolo dentro l'arte e la bellezza dell'abitare.

This video forms part of the Gente di Milano *(People of Milan) series produced by the Province of Milan's Medialogo department. It is a tribute to Ignazio Gardella, the great rationalist architect who was born in Milan in 1905. His designs broke new ground in the architecture of the 20th Century and the video is an illustrated account of his buildings, from Milan to Alessandria, from Venice to Genoa. The images of his architectural works are also accompanied by commentary from Gardella himself, his stories, his lucid and biting observations. The video is laid out with "functional" elegance in accordance with the architect's own principles: it is not true that what is useful is beautiful, but rather that "everything which is beautiful is useful". A journey in search of the "clean" and rigorous architecture and the talent of this extraordinary man of over ninety years of age, who has spent almost a century involved in art and the beauty of living.*

MELCHER·PAOLETTI·PETRI

Appunti per un cinema elettronico - Incontro con Zbig

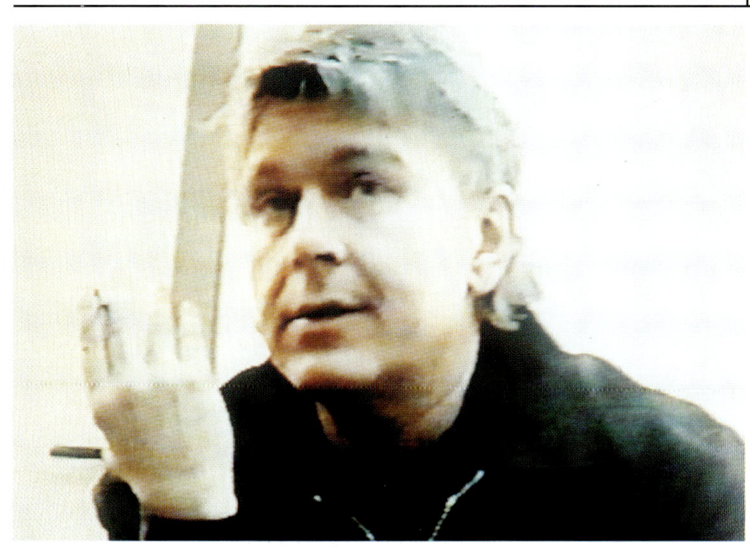

Italia/Italy, 1998, 20'

Realizzazione/Directed by: Melcher, Paoletti e Petri

Riprese/Photography: Petri, Melcher

Contributi fotografici/Still photography: Gianluca Paoletti

Intervista/Interview: Paola Melcher

Montaggio/Editing: Paolo Ranieri

Traduzioni/Translations: Maria Fantin

Produzione/Production: Melcher, Paoletti e Petri in collaborazione con "Ondavideo", Pisa e Studio Azzurro, Milano

Paola Hilda Melcher (Massa Carrara, 1971). Sta preparando una tesi di laurea su Zbigniew Rybczynski all'Università di Pisa.

Gianluca Paoletti (Pisa, 1968), fotografo, ha partecipato a mostre come la "Biennale dei giovani artisti, 1a rassegna", Pisa 1998, e ha lavorato anche come fotografo di scena per il teatro.

Sara Petri (La Spezia, 1971), ha collaborato dal 1994 al 1997 alla rivista "Olis". Nel 1995 è tra gli attori del video *Coro* di Studio Azzurro.

Tutti e tre sono laureandi in "Teoria e tecnica dei mezzi di comunicazione audiovisiva" all'Università di Pisa e collaborano col regista Leonardo Carrano alla realizzazione del cortometraggio di animazione *La postura dei sogni*.

Per qualche anno, di Zbigniew Rybczynski si sono perse le tracce. Questo geniale sperimentatore del cinema d'animazione e dei linguaggi elettronici, che ha creato opere straordinarie come *Tango, Steps, The fourth dimension* inventando dispositivi complessi e raffinatissimi per rappresentare le meraviglie del "mai visto prima", ha lasciato in molti la curiosità per progetti produttivamente e artisticamente molto impegnativi e ancora non realizzati. I tre studenti si sono messi sulle sue tracce e, complice la presenza di Zbig alla retrospettiva di Pesaro curata da Bruno Di Marino, l'hanno intervistato. Rybczynski parla di arte e tecnologia, della sua formazione alla scuola di Lodz, dei progetti.

"Pesaro, sabato 31 ottobre 1998, 'Animania'. Tra gli ospiti c'è Zbig. Paola sta preparando la tesi su *Steps*. È l'occasione giusta. Con l'aiuto di Paola Acquaviva, dell'organizzazione, che ci mette a disposizione un camerino, improvvisiamo una videointervista al mago dell'elettronica. Con le nostre piccole telecamere e una macchina fotografica catturiamo il più possibile, complice Zbig che sorride e si accende una sigaretta." (Gli autori)

Zbigniew Rybczynski has been keeping a low profile for a number of years. This genius of experimental animated cinema and electronic languages, who created such extraordinary works as Tango, Steps and The Fourth Dimension, *inventing complex and highly refined devices to represent the marvels of the "never before seen", left behind him a widespread curiosity regarding projects as yet incomplete which required massive commitment in artistic and production terms. The three students set out to find him and, when an opportunity presented itself in the form of a visit by Zbig to the Pesaro retrospective organized by Bruno Di Marino, they interviewed him. Rybczynski talks about art and technology, his apprenticeship at the Lodz film school and his forthcoming plans.*

"Pesaro, Saturday 31 October 1998, at Animania. Zbig is one of the guests. Paola is writing something on Steps. This is our chance. With the help of Paola Acquaviva and the festival management, who provided a dressing room, we improvised a video interview with the electronics wizard. With our little video cameras and an ordinary camera we captured what we could, with the help of Zbig who smiled and lit a cigarette."
(The makers)

Paola Hilda Melcher *was born in Massa Carrara in 1971. She is currently working on her degree thesis on Zbigniew Rybczynski at Pisa University.*

Gianluca Paoletti *was born in Pisa in 1968. A photographer, he has taken part in exhibitions such as the first* Biennale dei giovani artisti *in Pisa in 1998, and has also worked in the theatre as a stage photographer.*

Sara Petri *was born in La Spezia in 1971. From 1994 to 1997 she worked on the magazine Olis. In 1995 she was one of the cast of the video Coro by Studio Azzurro.*

All three are undergraduates on the Pisa University course in the Theory and Technique of Audiovisual Communications Media, and assistants to the director Leonardo Carrano in the making of the animated short feature La postura dei sogni.

CRISTINA MAZZA-GIORDANA MEYER
Ma chi è questo Grifi?

Italia/Italy, 1998, 26'

Regia/Directed by:
Cristina Mazza, Giordana Meyer

**Soggetto e Fotografia/Written
and photographed by:** Cristina Mazza

Montaggio/Editing: Giordana Meyer

Interprete/Cast: Alberto Grifi

Produzione/Production: Cristina Mazza,
in collaborazione con Giordana Meyer

Cristina Mazza (Latina, 1969) si occupa
di comunicazione, arti visive, computer
grafica e video. Lavora a Roma e a
Milano. Scrive articoli su autori italiani
indipendenti e recensioni di film su siti
internet. Nel 1998 ha partecipato allo
spettacolo teatrale *Itaca: il viaggio, la
guerra, il volo*, regia di Pippo del Bono.
Vive a Milano.

Giordana Meyer (Milano, 1968)
sperimenta l'autogestione e
l'autoproduzione musicale e teatrale
frequentando i centri sociali. Lavora
come animatrice socio-culturale e, dal
1993, fa video sia nell'ambito del
Collettivo del Leoncavallo che in ambito
televisivo. Con Grifi e Paola Panniccelli
ha realizzato nel 1994 *Leoncavallo...i
giorni dello sgombero*. Vive a Milano.

*Cristina Mazza was born in Latina in
1969. She works in Rome and Milan with
communication, visual arts, computer
graphics and video. She has contributed
articles on independent Italian filmmakers
and film reviews for Internet websites. In
1998 she has worked in the theatre, in*
Itaca: il viaggio, la guerra, il volo, *directed
by Pippo del Bono. She lives in Milan.*

*Giordana Meyer lives in Milan, where she
was born in 1968. She works in
experimental music and theatre using
independent production and management
resources in social centres. She also works
as a socio-cultural* animateur *and since
1993 has made videos both with the
Leoncavallo Collective and in television.
With Grifi and Paola Pannicelli she made*
Leoncavallo... I giorni dello sgombero *in
1994.*

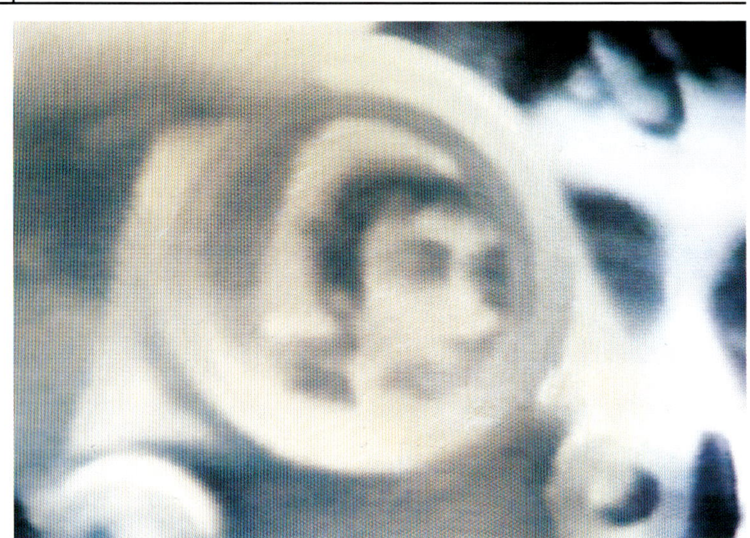

Il video traccia un ritratto di Alberto Grifi, geniale sperimentatore videocinematografico e pioniere del "videotape" in Italia, nonché autore indipendente in cui creazione artistica, invenzione e vita sono tutt'uno. Alle testimonianze e ai racconti di Grifi (che mescola autobiografia e osservazioni storiche e politiche) sono accostati, in un montaggio agile, spezzoni dei suoi lavori noti e meno noti. Cornice la casa-laboratorio di Grifi a Roma: le attrezzature (passione ereditata dal padre), gli effetti ottici speciali, i prismi, gli specchi, le cineprese, tutto un brulicare di idee, vita vissuta, tecnologia umanizzata.

"...primo di una serie che vuole documentare il lavoro appassionato di alcuni autori cinematografici che hanno scelto di essere indipendenti. Sono previste quindi altre documentazioni relative alla produzione cinematografica di autori come Agosti, Piavoli, Tonino De Bernardi, quasi sempre distribuita nella clandestinità" (Cristina Mazza e Giordana Meyer, in Catalogo del 16° Torino Film Festival, 1998)

The video sketches a portrait of Alberto Grifi, an experimental genius of cinema and video who pioneered videotape in Italy as well as making independent productions that mix artistic creativity, invention and life in a single whole. Grifi's own views and recollections (which range from the autobiographical to the historical and political) are cleverly edited with extracts from both his well-known and his lesser works. The setting for this vibrant display of ideas, experience of life and humanized technology is Grifi's house-cum-workshop in Rome: his equipment (a passion inherited from his father), optical special effects, prisms, mirrors, cameras.

"...the first in a series which is intended to be a record of the dedicated work of certain auteurs who chose the path of independent filmmaking. Among the filmmakers scheduled for coverage in the series are Agosti, Piavoli, Tonino De Bernardi, who almost always worked with clandestine distribution." (the makers, in the catalogue to the 16th Torino Film Festival, 1998)

MARINA SPADA

Francesco Leonetti, lo scrittore a sette code

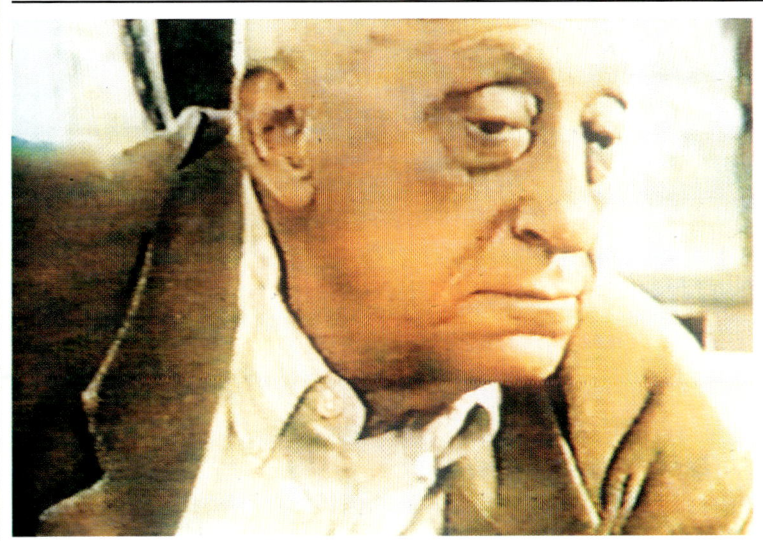

Italia/Italy, 1998, 29'30"

Soggetto e regia/Conceived and directed by: Marina Spada

Sceneggiatura/Written by: Marina Spada, Mariella Pessina

Fotografia/Photography: Andrea Treccani

Montaggio/Editing: Francesco Lupi Timini, Daniele Donati

Interpreti/Cast: Francesco Leonetti, Carla Chiarelli, Fabrizio Parenti

Produzione/Production: Gianfilippo Pedote, Marina Spada - Studio Equatore, Milano

Il video ritrae quello straordinario, poliedrico personaggio che è Francesco Leonetti (Cosenza, 1924; vive a Milano), scrittore e poeta, attore e regista, redattore di "Officina" con Pasolini e Roversi e del "Menabò", in collaborazione con Vittorini e Calvino. Leonetti, con una torre di suoi libri a fianco, traccia l'appassionante storia delle avanguardie italiane del secondo dopoguerra, anche alla luce delle idee politiche della Nuova Sinistra (cui si è ispirata la sua rivista "Che fare", dal 1967, e il romanzo *Irati e sereni*, Feltrinelli, Milano 1974). Alle avvincenti, lucide, divertenti osservazioni di Leonetti si alternano quattro brevi episodi di finzione su alcuni momenti della nostra storia letteraria (i testi sono dello stesso Leonetti).

"Diventare amica di Francesco Leonetti è stato per me un onore, oltre che un'occasione per trovarmi coinvolta nel pieno della sua vita vivace, gaia e densa di progetti (...) Ho voluto fare un documentario su Leonetti, scrittore e testimone eccezionale, perché ritengo importante oggi, giunti alla fine del secolo, diffondere esempi di memoria acuta e vivace sugli eventi che ci precedono" (Marina Spada, Catalogo 16° Torino Film Festival, 1998)

The video is a portrait of that extraordinary, multi-faceted personality, Francesco Leonetti – born in Cosenza in 1924 but now resident in Milan. Writer and poet, actor and director, editor of Officina *with Pasolini and Roversi, and of* Menabò *with Vittorini and Calvino. Leonetti, with a mountain of his books towering over him, outlines the remarkable story of the Italian avant-garde after the Second World War, including from the perspective of the political ideas of the New Left (which were the inspiration for the magazine* Che fare, *from 1967, and the novel* Irati e sereni, *published by Feltrinelli, Milan 1974). Leonetti's amusing, lucid, emotionally involving observations are alternated with four brief fiction episodes on moments of Italian literary history (written by Leonetti himself).*

"Becoming Francesco Leonetti's friend was an honour for me as well as a chance to find myself fully involved in his lively, happy life so full of projects (...) I wanted to make a documentary about Leonetti, the writer and extraordinary witness, because I think it's important today to circulate examples of the sharp and vivid memory of the events that have passed before us at the end of the century" (Marina Spada, in the catalogue to the 16th Turin Film Festival, 1998)

Marina Spada (Milano, 1957) diplomata alla scuola del Piccolo Teatro e laureata in Storia della Musica, gira e dirige documentari, cortometraggi, spot pubblicitari e videoclip. Con *L'Astice* ha vinto il secondo premio al Festival Internazionale Cinema Giovani di Torino (1996), "Spazio Italia". Ha partecipato a numerosi festival italiani e stranieri, ottenendo importanti riconoscimenti. Insegna "Organizzazione cinematografica" alla Civica Scuola di Cinema di Milano, città in cui vive.

Marina Spada *lives in Milan where she was born in 1957. She gained a diploma at the Piccolo Teatro drama school, as well as a degree in the History of Music. She directs and films documentaries, short subjects, advertising features and videos. With* L'Astice *she won the second prize at the 1996 International Young Cinema Festival in Turin. She has taken part in various festivals in Italy and abroad, obtaining important awards. She teaches cinema organisation at the Cinema School of the City of Milan.*

Di Marina Spada nell'archivio Invideo:
Amerò solo un dio che danza; Fernanda Pivano - C'era una volta in America; Arnaldo Pomodoro, racconto dell'artista

LOS SUEÑOS DE LA HORMIGA ROJA

Los accionistas del arte

Spagna/Spain, 1997, 59'

**Sceneggiatura e Regia/
Written and directed by:**
Valentí Figueres Jorge,
Manuel Pastor Herrero,
Helena Sánchez Bel,
Domingo Mestre Pérez,
Emilio Mencheta Benet

**Direzione della fotografia/
Director of Photography:**
Alberto Puerta

Documentazione/Documentation:
Domingo Mestre Pérez

Musica originale/Original music:
Edu Marín

Montaggio/Editing: Max Valero

Produzione/Production:
Los suenos de la hormiga roja e
Mencheta Benet

Los sueños de la hormiga roja
(I sogni della formica rossa) è una società
di produzione che si è costituita a
Valencia nel giugno '96. Ha realizzato
finora quattro documentari e ne ha altri
in preparazione: gli argomenti spaziano
da temi artistici a problemi sociali,
ecologici, umanitari. Il nucleo del gruppo
è formato da Helena Sánchez Bel,
scrittrice e filosofa; Valentí Figueres
Jorge, artista e organizzatore di eventi
culturali; Quico Ortella i Roa e Juanma
Sánchez Bel.

Los sueños de la hormiga roja
*(The Dreams of the Red Ant) is a
production company set up in Valencia in
June 1996. It has so far produced four
documentaries, while others are in
pre-production. The subjects covered range
from artistic themes to social, ecological
and humanitarian concerns. The core
members of the group are writer and
philosopher Helena Sanchez Bel, artist
and cultural event organizer Valentí
Figueres Jorge, Quico Ortells i Ros and
Juanma Sánchez Bel.*

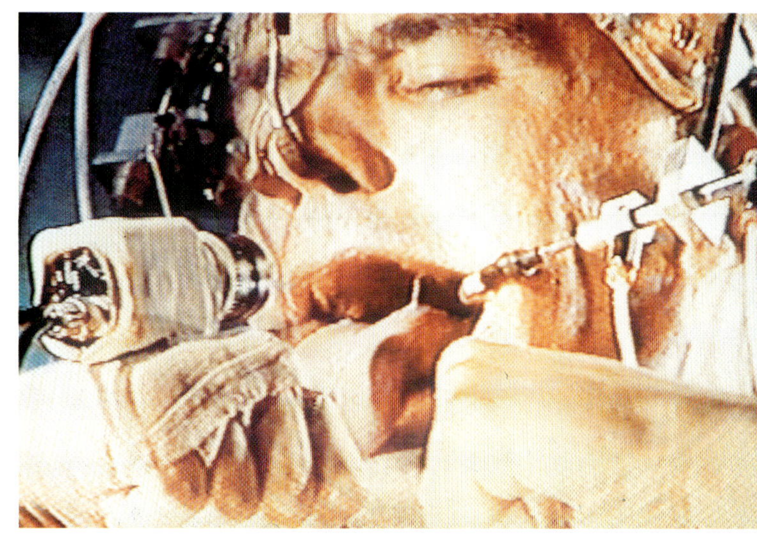

Los accionistas del arte (Gli attivisti dell'arte) è un documentario sugli artisti dell'happening e della performance dal secondo dopoguerra ai nostri giorni in Europa, e più specificamente in Spagna. Il video alterna testimonianze di protagonisti a ricostruzioni del periodo dei pionieri (dal Dada al surrealismo) che ha condotto al movimento Fluxus e alle avanguardie attuali. Alle interviste si alternano spezzoni delle performance e testimonianze di esperti e studiosi. Il video ha visto la partecipazione di numerosi artisti spagnoli e di varie istituzioni culturali, Università e gallerie d'arte.

"Cosa è performance, chi sono i suoi attori principali, qual è stata la sua storia, quale il suo futuro... attraverso l'analisi dei suoi creatori come di critici e studiosi del tema (...) le opere degli artisti ci condurranno alla sua comprensione." (Gli autori)

Los accionistas del arte (The Activists of Art) *is a documentary on post-war to present-day happening and performance artists in Europe, concentrating on Spain. The video alternates interviews with the artists themselves and reenactments of the pioneer period (from dada to surrealism) which led to the Fluxus movement and the contemporary avant-garde. The extracts from performances are also mixed with contributions from experts and scholars. Many Spanish artists participated in the making of the video, as well as various cultural institutions, universities and art galleries.*

"What performance is, who the great names are, what its history has been, and what future lies in store... through the analysis of its creators and of critics and researchers into the area... the artists' own work leads us to an understanding of it." (The makers)

Finestra sull'Europa

Il Coordinamento Europeo
dei Festival delle "Nuove
Immagini" è stato costituito
nel 1997 con lo scopo di
approfondire la reciproca
conoscenza tra festival e
istituzioni attivi nel campo
delle "nuove immagini"
e di porre le basi per
un'efficiente e stabile
cooperazione.
La seguente selezione fa
parte di un programma di
circuitazione di opere
all'interno del network
delle nuove immagini.

Window on Europe section

The New Images European
Network was set up in 1997.
The aim of the Network
is to improve the level
of liaison and exchange
between festivals and
institutions active in the
field of "new images"
and to lay the foundation
for efficient, ongoing
cooperation. The following
selection is part of a
programme to circuit works
around the New Images
network.

Coordinamento Europeo dei Festival delle "Nuove Immagini"
New Images European Network

Bandits-Mages

International Multimedia and Audiovisual Arts Meetings, Bourges (France)

Incontri internazionali delle arti audiovisuali e multimediali, Bourges (Francia)

Young talent has always been the focus for the biennial Bandits-Mages festival, a showcase for graduate filmmakers on the threshold of the contemporary art market

Da sempre la biennale Bandits-Mages privilegia la giovane creazione e si configura come passerella per giovani autori nel momento di passaggio dalle scuole d'arte al mercato dell'arte contemporanea

Loic Connanski
Bande Annonce
Francia, 1994, 1'50"

Right on, Right on
Francia, 1996, 1'30"

How to portray the French at the close of the millenium? If not through the symbol of their alienation: the television - aesthetic.
Poor… as are those French who watch television (96%).

Come si può fare un ritratto dei francesi alla fine di questo millennio se non attraverso il simbolo della loro alienazione: l'estetica televisione.
Poveri… come i francesi che guardano la tv (96%).

Maitetxu Echeverria
Portraits
Francia, 1996, 5'23"

I select people and show you my vision of what I seem to understand about them.

Scelgo delle persone e mostro le immagini di quello che recepisco di loro.

EMAF

European Media Art Festival, Osnabruck (Germania)

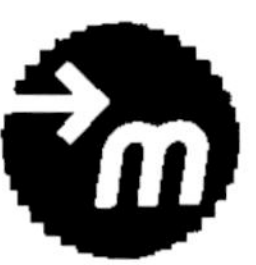

The European Media Art Festival in Osnabruck is one of the best known annual events in the area of visual moving media. With its exhibitions, retrospectives, portraits of artists, performances, seminars and the Electronic Café the Festival offers a comprehensive view of the current artistic work in this field

Il festival di Osnabruck è uno dei più popolari eventi annuali che si svolgono nell'area dei new media visuali. Con le sue mostre, retrospettive, personali di artisti, performance, seminari e il Caffè elettronico il festival offre un'ampia e aggiornata panoramica sulla produzione artistica in questo campo.

Nikolaus Buchholz
Leuchtturm der Leidenschaft
Germania, 1997, 15'

The sons are not in good condition, the father emphazises. The lawn could be mown much shorter! So he takes them to the harsh German climate, out to the wild North Sea breakers, to recharge them with a healthy dose of rest.

I figli non sono proprio in buona salute, il padre fa notare. Il prato potrebbe essere tagliato molto più corto! Così li porta nel rigido clima tedesco del selvaggio mare del Nord per fortificarli con una buona dose di riposo.

Julien Dajez
U.Man
Francia, 1997, 5'

The U.Man project is an experiment of encyclopedical classification. Nevertheless, the infinite variations of an altered system of representation cast a shadow on our knowledge of women's attitudes.

Il progetto U.MAN è un esperimento di classificazione enciclopedica. Nondimeno, le infinite variazioni di un sistema di rappresentazione alterato gettano un'ombra sulla nostra conoscenza delle attitudini della donna.

Bavo Defurne
Matroos (Sailor)
Belgio, 1998, 16'45"

A teenager adores his Sailor friend. He dreams about the exotic countries, marvellous starry skies and the inevitable homesickness that would bring his friend back to him. In a colourful series of referential images, his fragile dreams get so unreal, that the enthusiasm for seeing his friend again turns into anxiety...

Un teenager adora il suo amico marinaio. Sogna paesi esotici, meravigliosi cieli stellati e la nostalgia che inevitabilmente ricondurrà l'amico a lui. In una serie di immagini coloratissime e referenziali, i suoi fragili sogni diventano così irreali da capovolgere l'entusiasmo di rivedere l'amico in ansia...

Antony Fayada
Simphonie pour un repas
Francia, 1996, 3'50"

Mix the theme of the meal and of the fall of bodies and obtain a rythmic recipe.

Mescolate il tema del pasto con la caduta dei corpi e otterrete una ricetta ritmica.

Frédéric Heritier
La disparition
Francia, 1996, 3'52"

Coins: 10 centimes, 50 centimes, 1 franc, 5 francs, 10 francs

Monete: 10 centesimi, 50 centesimi, 1 franco, 5 franchi, 10 franchi

Hsiao Mei-Ling
L'etre lettre
Francia, 1996, 5'37"

Olivier Lannaud
Ca coule de source
Francia, 1996, 4'18"

Arnaud Maguet
Surf City
Francia, 1996, 2'17"

Il etait une fois: standing on a beach
Francia, 1996, 0'35"

Judith Josso
Au fur et a mesure
Francia, 1997, 6'27"

From video rushes how to produce meaning?

Come produrre senso dalla ressa dei video?

(N.d.R: le sinossi delle opere di Hsiao Mei Ling, Olivier Lannaud, Arnaud Maguet sono assenti per esplicita richiesta degli autori, che non desiderano pubblicare alcuna presentazione del loro lavoro)

HalfLifers
Actions in Action
USA, 1998, 10'30"

Actions in Action plunges into a world of frantic heroes trapped in a continental crisis of dissolution and reification. An ordinary demostic setting is recast as a psychoactive landscape in which the concept of 'function' becomes situational and fluid.
Only through the strategic application of organic and inorganic devices can the mission be saved.

Actions in Action ci fa piombare in un mondo di eroi frenetici intrappolati nella crisi di dissoluzione e reificazione del continente. Un ambiente comune si trasforma in un territorio "psicoattivo" in cui il concetto di "funzione" diventa situazionale e fluido.
Soltanto attraverso l'attivazione strategica di dispositivi organici e inorganici la missione potrà essere salvata.

Hannah Kops
Neyne Sait Dys
Germania, 1997, 5'55"

After the collapse of the Internet, Niglian Nus discourses on the subject of the body and other absurdities.

Dopo il collasso di Internet, Niglian Nus riflette sul tema del corpo e su altre assurdità.

Bjørn Melhus
No Sunshine
Germania, 1997, 6'5"

You always want something that you know you shouldn't have. The more you know you shouln't have it the more you long for it. And one day, you get it, and it makes you feel real good.

Desideri sempre qualcosa che non dovresti avere. Più sei consapevole che non dovresti averlo, più lo desideri. E il giorno che riesci a ottenerlo stai veramente bene.

David Priestman
Robert Mitchum
Gran Bretagna, 1997, 3'

Iconism meets metaphor in a clash of evil.

L'iconismo incontra la metafora in un frastuono del male.

Samir
La Eta Knabino (Das Kleine Madchen)
Svizzera 1997, 6'

A short film by Samir based on a story by Jurg Schubiger. A digital silent-movie-fable in Esperanto.

Basandosi su un racconto di Jurg Schubiger, Samir presenta senza parole, ma con siparietti in Esperanto, una "favola digitale".

Francois Vogel
Rue Francis
Francia, 1995-97, 4'

11 rue Francis, 6th floor, street side, view from the balcony... What comes to pass on the outside, on the inside of the apartment is observed from close, less close, from far, from very far; is observed from farther and farther away but always from the balcony, street side, 6th floor, at rue Francis.

Rue Francis n. 11, 6° piano, lato sulla strada, vista dal balcone… tutto quello che succede fuori e dentro l'appartamento è osservato da vicino, meno vicino, da lontano, da lontanissimo, da più lontano ancora, ma sempre dal balcone, lato sulla strada, 6° piano, a Rue Francis.

Richard Wright
LMX Spiral
Gran Bretagna, 1998, 8'

An intellectual pop video about the transition between the enterprise culture of the eigthies and the (British) lottery culture of the nineties.

Un video "intellectual pop" che tratta delle transizioni dalla cultura d'impresa degli anni '80 alla cultura (Britannica) delle lotterie anni '90.

Av•Arkki
(Finland)

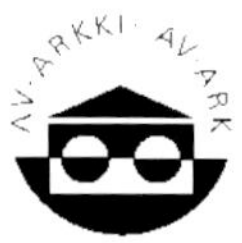

Av•Arkki is a distribution center for media art. It was founded in 1989 by Finnish media artists to promote archive and distribute Finnish audiovisual art: video, experimental film, computer animation, installation and other. One of the aims of Av•Arkki is also to increase understanding of media art by organizing lectures and seminars. Av•Arkki organizes annually MuuMediaFestival, the largest international media art festival in the Nordic countries.

Av•Arkki è un centro di distribuzione per la "media art". È stato fondato nel 1989 da alcuni artisti finlandesi per promuovere gli archivi e distribuirne le opere audiovisuali: video, lavori sperimentali, animazioni al computer, installazioni ecc. Uno degli obiettivi di Av•Arkki è di migliorare la conoscenza della "media art" attraverso lezioni e seminari. Una volta all'anno, Av•Arkki organizza il festival internazionale MuuMediaFestival, il più importante del settore nei paesi nordici.

Eija Liisa Ahtila
Òtodayó/Today
Finland, 1996/97, 10'

A short film in three episodes about the relations between fathers anddaughters.

Il rapporto padri-figlie è rappresentato in un corto in tre episodi.

Liisa Lounila
Road Movie
Finland, 1998, 1'10"

A short description of a journey from one place to another.

Breve descrizione di un viaggio da un posto all'altro.

Bjargey Olafsdottir
Jean
Finland, 1996, 2'10"

A film about the life of a Parisian banker, how he met his wife, the ups and downs of their relationship and the tension, which leads to dramatic decisions.

La storia racconta le vicende di un bancario francese, del suo incontro con la moglie, gli alti e bassi della loro relazione e la tensione che li condurrà a decisioni drammatiche.

Transmediale
Berlino (Germania)

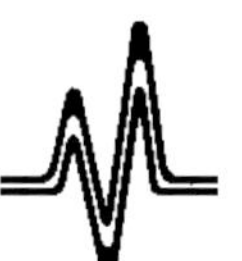

The Transmediale-international media art festival Berlin provides an overview of the state of electronic art and digital media culture in the fields of digital film, computer worlds, network art projects, video, telemedia, installations and performance.

Il festival internazionale sulla "media art" di Berlino, Transmediale, dà il polso sullo stato dell'arte elettronica e dei media digitali (film digitali, il mondo dei computer, progetti di arte in rete, video, telemedia, installazioni e performance).

Donald Takeshita-guy
A short film about a girl's stomach
Gran Bretagna, 1998, 9'

One fine morning, when a girl wakes up, she finds a weird message on her stomach. She goes to her mother to show it, then strange things follow...

Una bella mattina una ragazza si sveglia e scopre un messaggio bizzarro sulla propria pancia. Va a mostrarlo alla madre, e da quel momento avvengono strani fatti...

Anthony Atanasio
Dust
Gran Bretagna, 1998, 9'

Dust is a performance/dance piece tracing the journey of a stranded, long distance swimmer surrealistically battling the elements across a lunar-like environment.

Dust è una performance-danza in cui si mostra il percorso di un nuotatore di lunga distanza che, arenatosi, combatte surrealisticamente - in un ambiente lunare - gli elementi avversi.

Heli Rekula
Here today, gone tomorrow
Finland, 1998, 4'

Innocence and the loss of innocence is one of Rekula's main themes, one she approaches precisely through the image of the child undergoing socialisation towards womanhood. Here Today, Gone Tomorrow shows a girl alternately posing for the camera like a tourist, or pouting like a model in an advertisement. Little by little the girl loses behaviour learned and forgets the presence of the viewing camera, allowing the pure energy of a child to take over.

L'innocenza e la perdita dell'innocenza sono temi cari a Heli Rekula, che li rappresenta attraverso le immagini di una bambina che subisce l'avvicinarsi dell'età adulta. *Here Today, Gone Tomorrow* mostra una ragazza che posa per la videocamera alternativamente come una turista o imbronciata come una modella nella pubblicità. A poco a poco la ragazza perde gli atteggiamenti appresi, dimentica la presenza della videocamera e lascia che la pura energia infantile prenda il sopravvento.

Alli Maria Savolainen
L-Stories: September
Finland, 1997, 3'48"

L-Stories: September is in a romantic vein. L-Stories: September is the second part of a series "Stories", the first part was Detective Stories: The Clue (1995).

L-Stories: September è una vicenda romantica. È la seconda parte della serie: "Storie", di cui la prima puntata si intitola Detective Stories: TheClue (1995).

Denise Ziegler
As seen on television
Finland, 1996, 3'

The ability to use one's imagination...

L'abilità di usare l'immaginazione...

Assaf Etiel (Safy)
Fever
Germania, 1998, 3'

A scratch-video featuring John Travolta in an unusual context....

Uno video scratch che ci presenta John Travolta in un contesto insolito...

Nelson Henricks
Crush
Canada, 1997, 13'

It's a matter of changing one's body. Of changing one's shape. But how far can you go?
There are many factors involved. It's not easy. It takes time. There are moment of frustration. But there's the goal: to become larger or smaller...

Il problema è quello di cambiarsi il corpo. Di cambiarsi la sagoma. Ma fino a che punto ti puoi spingere? Ci sono molti fattori in gioco. Non è facile. Ci vuole tempo. Ci sono momenti di frustrazione. Ma c'è uno scopo: diventare più grandi o più piccoli....

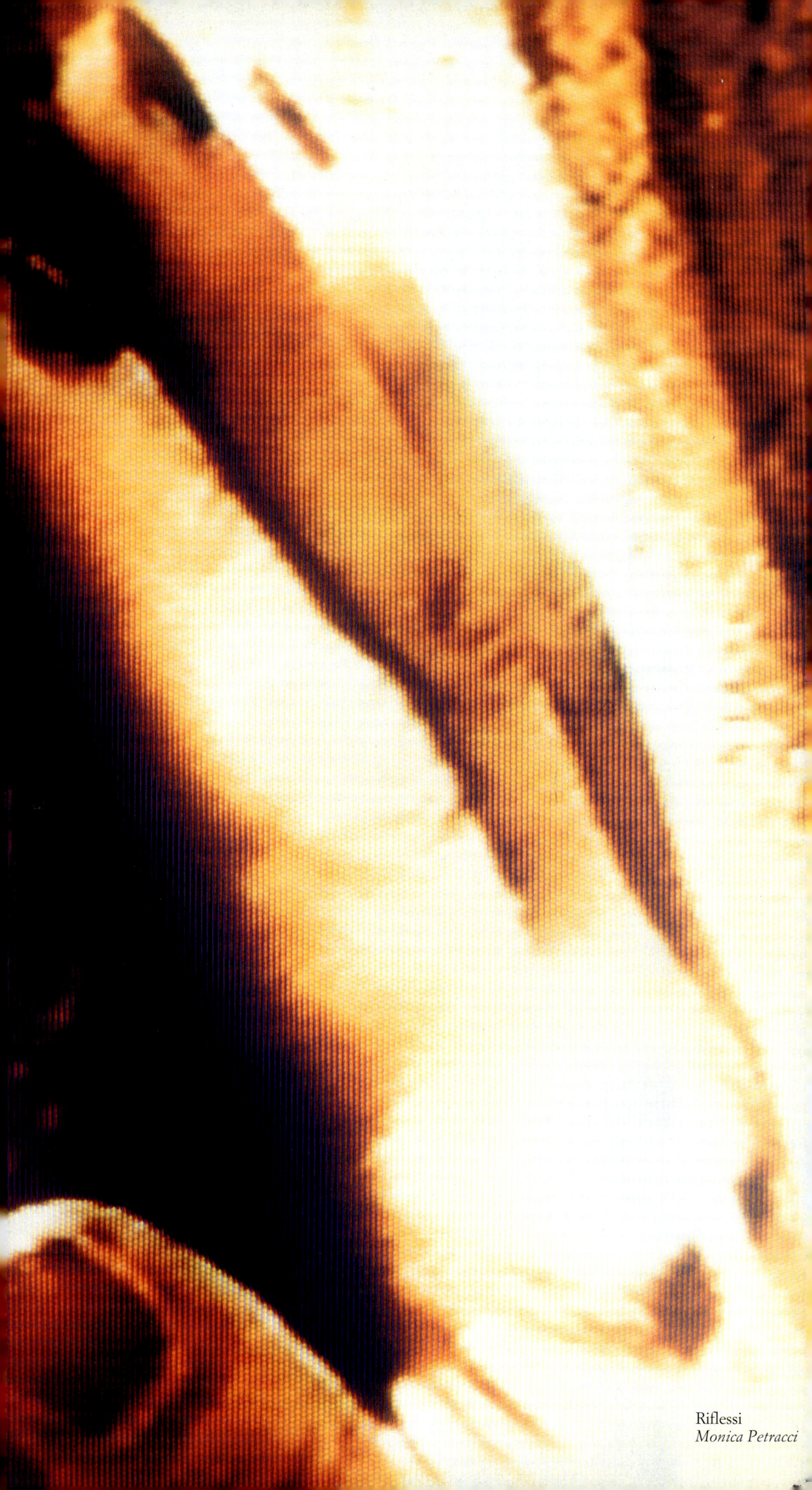

Riflessi
Monica Petracci

Video d'Artista

Il Consorzio Careof/Viafarini
ha avuto, per l'edizione
1999 di INVIDEO, l'incarico
di aprire durante la
manifestazione una "finestra
italiana" sui giovani artisti
che usano abitualmente
anche il video come mezzo
espressivo. Abbiamo scelto
autonomamente cinque
lavori e abbiamo dato ad
alcuni critici e curatori
l'incarico di selezionare dal
patrimonio video del nostro
Centro di Documentazione
alcune modalità di approccio
all'uso del mezzo
caratteristiche degli anni più
recenti e peculiari nelle scelte
operative dei singoli artisti.
Silvia Cini, Emanuela De
Cecco, Felicita Platania
hanno compiuto le selezioni
sia in riferimento alla qualità
degli artisti presentati, che
alla registrazione di una
campionatura anche
territoriale, e degli approcci
adottati.

Mario Gorni

Art Videos

*The Careof/Viafarini
consortium was given the
task of opening a kind of
"window on Italy" during
INVIDEO 1999, giving an
overview of young Italian
artists who habitually use
video as one of their media
of artistic expression. We
made an independent choice
of five works, and then asked
a number of critics and
experts to review the video
collection at our
Documentation centre and
pick out several modalities of
using video which were
typical of approaches in
recent years, or else
particularly representative of
the work of individual artists.
Silvia Cini, Emanuela De
Cecco and Felicita Platania
were responsible for making
the selection, which they
arrived at by taking into
account not only the quality
of the works themselves, but
also the need to be
representative of variations
in approach and current
trends throughout Italy.*

Mario Gorni

presenta/*introduces*:

Emilio Fantin, Marco Samorè, Federico Tanzi Mira

La ricerca video, nell'ambito dell'arte contemporanea, prende nuova forza all'inizio degli anni '90, grazie soprattutto alla possibilità di utilizzare il mezzo a costi relativamente bassi. Questo fenomeno, per molti aspetti parallelo all'avvento del portapack, che spinse gli artisti tra la fine degli anni '60 e la prima metà dei '70 a cimentarsi con il video, ha portato a nuove e molteplici forme di produzione. Tra queste gran parte si distaccano da un uso narrativo del video per affrontare altre possibilità di utilizzo del mezzo. D'altronde gli artisti che ne hanno fatto e ne fanno uso non sono videomaker e provenendo da forme diverse di sperimentazione hanno teso a utilizzare questo mezzo come integrazione del loro lavoro o nuovo sviluppo che vede il video non come opera chiusa e conclusa in sé, ma come parte.

Solitamente lontani dalla ricerca legata agli aspetti formali dell'immagine, gran parte degli artisti hanno preferito rivolgere la propria attenzione non più verso la sintassi intrinseca di questo medium, ma verso la possibilità di usare il video come elemento all'interno di un contesto. Da questa fascia di sperimentazione prendono vita opere in cui il video viene utilizzato simultaneamente e in correlazione ad altri linguaggi, come audio, foto, scrittura ed azioni che ne completano il senso caricandolo di ulteriori sfaccettature. Queste installazioni vivono attraverso il rapporto con lo spazio e l'interazione con il pubblico, che spesso è invitato a entrare mentalmente e fisicamente in relazione con il lavoro dell'artista.

Le opere di Fantin , Samorè e Tanzi Mira ne sono sotto aspetti diversi un possibile esempio. ■

Video research in contemporary art was given renewed impetus in the early 1990s above all by the relatively low cost of using the medium. This phenomenon, similar in many ways to the advent of the portapack which first brought many artists to begin using video between the late '60s and the early '70s, has led to many new and various forms of production. The majority of these have moved away from a narrative use of video to tackle other ways of using the medium. Moreover, the artists who have used and are using it are not videomakers, but have instead a different experimental background and thus have tended to use the medium to integrate their work, or else in new developments which consider video as only one element, rather than a closed, self-contained art form.

Usually these artists keep their distance from the formal aspects of the image, and many have preferred to turn their attention not to the intrinsic syntax of the medium, but rather to the possibility of using video as an element within an overall context. This area of experimentation has produced works in which video is used simultaneously with other forms of expression such as audio, photography, writing and actions, which integrate its meaning and add further dimensions to it. These installations derive their vitality in part from the relationship between space and interaction with the viewers, who are often invited to relate mentally and physically to the artist's work.

The videos of Fantin , Samorè and Tanzi Mira are in various ways an illustration of these trends. ■

Emilio Fantin

Portrait trailer

3/4 u-matic, 1990

Musica: rielaborazione digitale di/
Music: digital remix by: Umberto Lazzari
Riprese/*Photography*: Manuele Angiuli
Montaggio/*Editing*: Emilio Fantin e Manuele Angiuli

Portrait è stato presentato per la prima volta nel 1992 a Milano. Si tratta di un kit contenente una videocassetta, un'audio cassetta, una foto ed un breve testo tratti dal film e dalla sceneggiatura di *Blow Up* di Michelangelo Antonioni. Il visitatore, avvertito da un video concepito come un ironico trailer pubblicitario che invitava a risolvere il mistero celato nell'opera, poteva comprare il kit, ma senza conoscerne il contenuto che avrebbe potuto scoprire solo a casa. In *Portrait* Emilio Fantin destruttura e rende autonomi alcuni elementi del film, reincaricandoli per un'ulteriore modalità di fruizione. L'opera è concepita come scoperta progressiva e personale in cui il video viene usato all'interno di un percorso creato da più mezzi; non quindi come lavoro in sé concluso, ma come elemento linguistico, parte integrante del discorso, anticipando così quella pluralità di media ormai acquisita in ambito artistico. Fantin dimostra che non occore un soggetto per eseguire un ritratto, portrait per l'appunto, ma il ritratto è la sintesi di più elementi.

Emilio Fantin (Bassano del Grappa 1954), vive e lavora a Bologna. La sua attività artistica è da sempre volta alla sperimentazione di nuovi codici linguistici, attraverso l'uso di molteplici forme di espressione dal video, alla musica, alla creazione di eventi. Dal 1989 la sua attività espositiva conta innumerevoli mostre personali e collettive tra cui la presentazione nel 1993 del *Concerto per un piacere pubblico* in occasione della XIV Biennale di Venezia.

Portrait was presented for the first time in

Milan. It consists of a kit containing a videocassette, an audiocassette, a photograph and a short extract from the film and screenplay of Michelangelo Antonioni's Blow Up. *The visitor, warned by a video conceived as an ironical advertising trailer which invites the viewer to solve the hidden mystery of the work, could buy the kit, but without being aware of its contents, which would be revealed only at home. In* Portrait, *Emilio Fantin deconstructs elements of the film, making them anonymous and providing them with yet another modality of expression. The work is conceived as a progressive and personal discovery in which the video is used as part of a multimedia pathway rather than as a self-contained work, acting as an element of language, an integral part of the message: a forerunner of the multimedia expression which has become a standard part of the art scene. Fantin shows that a portrait can be made even without a sitter, and that it is a synthesis of a number of elements.*

Emilio Fantin, born in Bassano del Grappa in 1954, lives and works in Bologna. His work as an artist has always been focused on the experimentation of new codes of language, using various forms of expression, from video to music to the creation of happenings. Since 1989 he has exhibited in numerous collective exhibitions and one-man shows, including the presentation in 1993 of the Concert for a Public Pleasure *at the XIV Venice Biennale.*

Marco Samorè

L'estetica della noia
Super8, 1997

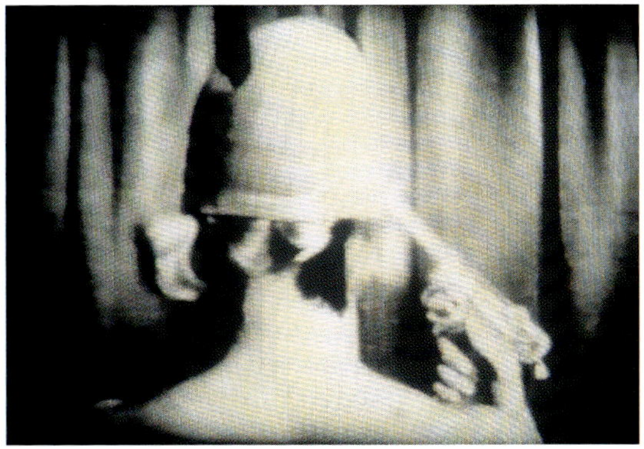

Nell'*Estetica della noia*, Marco Samorè (Bologna 1964), attraverso l'uso del Super8, crea immagini ipersature di insensati microeventi, loop-carillon di azioni sospese che al primo approccio risultano estremamente accattivanti. Un'operazione questa che mira ad ottenere un appiattimento progressivo, una perdita dei valori emotivi che attraverso distacchi successivi porta l'immagine alla sua pura essenza, fino a diventare estetica, mostrata così nel suo scheletro e nella sua struttura, senza che i contenuti vengano mai esplicati, ma piuttosto mostrati in quanto fattore estetico, potenzialità sospesa, non messa in atto. Sono immagini paradigmatiche di questi anni, che nascono dalla coscienza del non voler dire, del non volere aggiungere niente che possa suonare come uno slogan comunque superfluo.

Marco Samorè (Faenza 1964), da anni opera nell'ambito artistico sviluppando il suo lavoro tra video, riprese super8, installazioni e ricerca fotografica. Tra il 1996 ed il 1997 ha presentato in veste di curatore le rassegne video *To die by one's own hand* al centro sociale Link di Bologna e *Ultima Visione* presentata alla Galleria Neon di Bologna ed alla Libreria Ferro di Cavallo di Roma. Ha partecipato a numerose mostre collettive e personali tra cui: Per un'errata informazione artistica (Galleria Neon,1992 Bologna); *Hove my dog* (Loft Art Club, 1993 Valdagno); *L'estetica della noia* (Galleria Neon, 1997 Bologna); *Officina Italia* (1997 Chiostri di San Domenico, Imola), *Per sempre tuo* (Studio Ercolani, 1998 Bologna) vincendo nel 1997 il concorso per la realizzazione delle porte di Torino con il light box *Fidanzamento*.

In L'Estetica della noia, *Marco Samorè (born in Bologna, 1964) uses Super8 to create images which are hypersaturated with senseless micro-events, music box loops of suspended actions which appear highly attractive at first contact. This is an operation which aims to obtain a progressive flattening of impact, a loss of emotional values which takes the image to its pure essence through successive detachments until it becomes a vision of aesthetics stripped to its skeletal structure; the content is never explicit, but shown as an aesthetic factor, suspended potential rather than enactment. These are paradigmatic images of recent years, born of the consciousness of not wishing to state or add anything which might sound like a necessarily superfluous slogan*

Marco Samorè was born in Faenza in 1964. He has worked as an artist for a number of years, developing his creativity with video, super8, installations and photographic research. Between 1996 and 1997 he was the curator for the video series To die by one's own hand *at the Link social centre in Bologna and* Ultima Visione *at the Galleria Neon in Bologna and the Ferro di Cavallo bookstore in Rome. He has taken part in numerous collective and one-man exhibitions, including:* Per un'errata informazione artistica *(Galleria Neon, 1992 Bologna);* Hove my dog *(Loft Art Club, 1993 Valdagno);* L'estetica della noia *(Galleria Neon, 1997 Bologna);* Officina Italia *(Chiostri di San Domenico, 1997 Imola),* Per sempre tuo *(Studio Ercolani, 1998 Bologna), and in 1997 he was the winner of the competition for the design of the Turin gates with the light box* Fidanzamento.

Federico Tanzi Mira

Le storie non finiscono mai
Italia 1998

In *Le storie non finiscono mai* di Federico Tanzi Mira (Milano 1967), le immagini dell'annegamento e del salvataggio di una donna tratte da *Abyss* di Dan Cameron, sono il pretesto per parlare di morte e di amore con un ristretto numero di amici, tra cui artisti e critici. Sotto forma di audiointerviste vengono proposte esperienze, sentimenti e riflessioni degli intervistati. L'installazione è stata concepita dall'artista come un'insieme di elementi dove al contempo ognuno è parte e corpo del discorso. Così le immagini tratte dal film vengono riproposte in loop, come a voler ricreare un'infinita sequenza miracolosa, mentre le interviste, collocate in un diverso luogo, possono essere ascoltate con attenzione, scandite dalla proiezione delle diapositive di alcuni frame della scena del film, quasi a sottolineare un'estenuazione dell'immagine, un delay che non ripete e frammenta, ma moltiplica i significati. Al contempo un'altro luogo-elemento è una piccola sala di lettura dove ogni visitatore è invitato a leggere stralci delle interviste, trascritte su centinaia di fotocopie che ognuno può prendere e portar con sè nella propria intimità.

Federico Tanzi Mira (Milano 1967) lavora da alcuni anni come artista a Milano. Si è occupato di critica cinematografica e di arte contemporanea scrivendo per diverse riviste tra cui Flash Art. Ha partecipato a numerose mostre collettive e personali tra cui *Scambio di indirizzo* (a cura di G. Verzotti, 1995 Galleria Care Of, Cusano Milanino); *Video, Arte, TV* (a cura di A. Borgogelli e S. Grandi, 1996 Villa delle Rose, Bologna) *Fuori Orario* (a cura di M. Giusti, 1996 RAI Tre); *Videoforum* (1997 Fiera di Basilea, Basilea); *Officina Italia* (a cura di R. Barilli, 1997 Castel San Pietro, Bologna); *Generazione Media* (a cura di F. Alessandrini, S.Campagnola, P. Darra, L. Ghirardelli, F. Cosci, 1997, Triennale di Milano, Milano); *Federico Tanzi Mira* (a cura di G. Verzotti, 1997, Galleria ARTRA Milano), *Le Storia non finiscono mai* (a cura di S. Cini e F. Basso, 1998, Libreria Ferro di Cavallo, Roma); *I racconti del cuscino* (con E. Fantin e F. Mazzitelli, 1998, Salara, Bologna).

In Le storie non finiscono *mai by Federico Tanzi Mira (born Milan, 1967), a sequence of the rescue of a drowning woman from Dan Cameron's* Abyss *is taken as the pretext for a discussion on love and death by a group of friends, including artists and critics. Sound and video are used to propose experiences, feelings and reflections of the interviewees. The installation was conceived by the artist as an ensemble of elements in which each single component or participant is a body and part of the message. The sequence from the film is shown on a continuous loop as a kind of infinitely repeated miracle, while the interviews, sited elsewhere, can be followed carefully, interspersed at intervals with projected slides of stills from the scene in the film, almost by way of extenuating the image, a delay which multiplies significance rather than repeating and fragmenting it. At the same time there is a further place-element, a small reading room where each visitor is invited to read extracts from the interviews, transcribed on hundreds of photocopies which everyone can take away for perusal at their leisure.*

Federico Tanzi Mira (born Milan 1967) has been active as an artist in Milan for a number of years. He has also written screenplays for the cinema and articles on contemporary art, contributing to various magazines such as Flash Art. he has exhibited in numerous collective and one-man exhibitions. including Scambio di indirizzo *(curator G.Verzotti, 1995 Galleria Care Of, Cusano Milanino);* Video, Arte, TV *(curators A. Borgogelli and S. Grandi, 1996 Villa delle Rose, Bologna)* Fuori Orario *(curator M. Giusti, 1996 RAI Tre);* Videoforum *(1997 Basle Fair, Basle);* Officina Italia *(curator R. Barilli, 1997 Castel San Pietro, Bologna);* Generazione Media *(curators F. Alessandrini, S.Campagnola, P.Darra, L. Ghirardelli, F. Cosci, 1997 Triennale di Milano, Milan);* Federico Tanzi Mira *(curator G. Verzotti , 1997 Galleria ARTRA Milan),* Le Storia non finiscono mai *(curators S. Cini and F. Basso, 1998 Ferro di Cavallo bookstore, Roma);* I racconti del cuscino *(with E. Fantin and F. Mazzitelli, 1998 Salara, Bologna).*

presenta/*introduces*:

Paola Gaggiotti, Eva Marisaldi, Roberta Piccioni, Cesare Viel

4 video, 4 viaggi nello spazio e nel tempo. Eva Marisaldi viaggia all'interno di un palazzo del '600 utilizzando l'eleganza di un edificio storico per dire di oggi e dell'architettura costruita per mantenere ordine e far rispettare gerarchie; Paola Gaggiotti viaggia nel tempo mostrandoci le foto di una donna e alternando ognuna di esse con un disegno in bianco e nero ricalcato; Cesare Viel viaggia dentro di sé e mette in mostra la sua fragilità ma anche la sua capacità di essere presente; Roberta Piccioni viaggia in treno ma di questo viaggio ci fa vedere solo alcune tracce vale a dire i fili della ferrovia. 4 viaggi, bianco e nero e silenzio per Marisaldi, Gaggiotti e Piccioni; colori e parola per Cesare Viel. Attraverso questi 4 video ho cercato di mettere in evidenza una modalità di approccio decisamente altra rispetto a ciò che in video siamo assuefatti a vedere. In primo piano esplorazioni della memoria, esercizi di sguardo, vuoti anziché pieni, silenzi anziché confusione e rumori di fondo. Il silenzio lascia spazio all'immaginazione dello spettatore; i vuoti, gli spazi bianchi, l'assenza di umani lascia libera ancora l'immaginazione di pensare altri spazi, altri corpi, altri desideri. In questo contesto rarefatto la presenza di Cesare Viel funziona da contrappunto e ci offre una parola-esperienza, direttamente collegata alla naturalezza con cui si dà al pubblico. ■

4 videos, 4 journeys through space and time. Eva Marisaldi travels through the interior of a XVIIth Century palace, using the elegance of the historic building to speak of today and about architecture made to maintain order and the respect for hierarchy; Paola Gaggiotti travels through time with the photographs of a woman, alternating each of them with a drawing in black and white traced from it; Cesare Viel travels within himself, putting on show his own fragility, but also his capacity to be present; Roberta Piccioni travels by train, but showing us only the traces of her trip, namely the railway wires. 4 journeys, black and white and silence for Marisaldi, Gaggiotti and Piccioni; colour and text for Cesare Viel.
With these 4 videos I wanted to highlight a manner of approach which is decidedly different from the one we're so used to seeing on video. Explorations of memory, exercises in vision, emptiness rather than fullness, silences rather than confusion and noises off: these are the characteristics which come to the fore. The silence leaves scope for the viewer's imagination; the emptiness, the white spaces, the absence of human beings leaves the imagination free to think of other spaces, other bodies, other desires. In this

rarefied context the presence of Cesare Viel functions contrapuctually, giving us words-experience, directly linked to the natural way in which this is offered to the audience. ■

Paola Gaggiotti

Maria
VHS, 1998, 13'

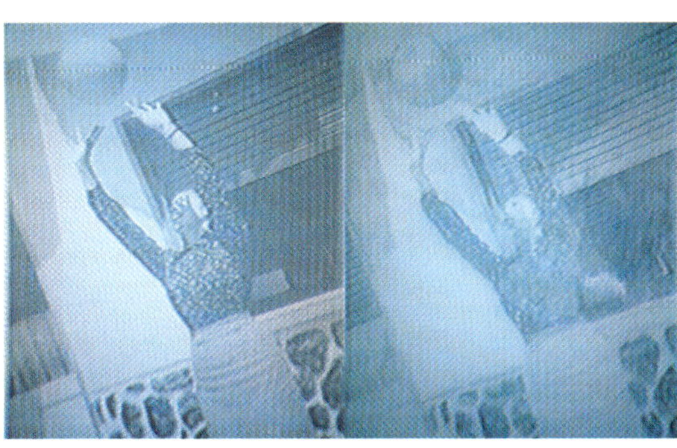

Da una scatola di foto di una donna, tal Maria, trovata per caso a un mercatino e regalata all'artista da un'amica. Una sequenza random di foto-che-diventano-disegni-ricalcati racconta la storia per immagini di una figura femminile di cui non sappiamo nient'altro che ciò che vediamo. Le foto si dissolvono al ritmo dello sguardo e tramite questo passaggio Paola Gaggiotti svela il procedimento che ha utilizzato in diversi suoi lavori precedenti. Disegno come tentativo di fermare il tempo, di appropriarsi dell'immagine fotografica e sottrarle - per qualche minuto- la dimensione privilegiata della riproducibilità. Disegno come lavoro personale, come relazione con la gestione del proprio tempo personale. A cui nel caso di *Maria* si aggiungono - sullo sfondo - tracce dell'Italia "moderna": palazzine, la pubblicità del caffè paulista, che compongono un ritratto che, proprio perché così anonimo, diventa una sorta di biografia collettiva.

From a box of photographs of a woman called Maria, given to the director by a friend who came across it at a market stall. A random sequence of photographs-which-become-traced-drawings in turn becomes a story in pictures of a female figure, of whom we know nothing more than what we see. The photographs fade out as the eye beholds, and in the change Paola reveals a process she has used several times in her previous work. The drawing as an attempt to halt time, to take over the photographic image and – for a few minutes at least – to subtract from it the privileged dimension of reproducibility. The drawing as personal work, as relating to the management of one's own personal time. Joined, in the case of Maria, by background traces of "modern" Italy: apartment blocks, the advertisement for the café paulista, forming a portrait which by its very anonymity becomes a kind of collective biography.

Eva Marisaldi

Steadygirl
VHS, 1996, 8'

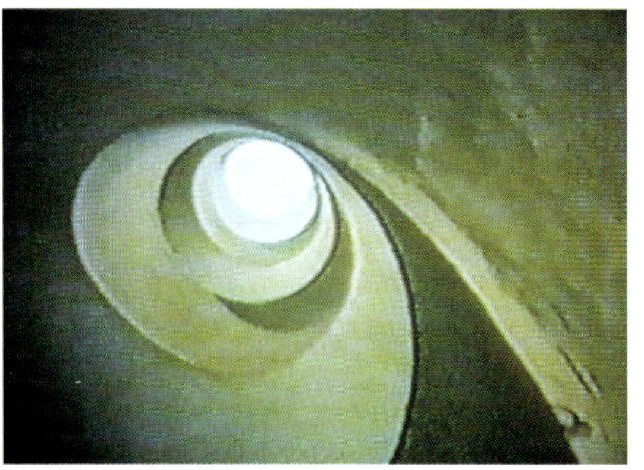

Steadygirl è girato negli interni di Palazzo Albergati, uno degli edifici seicenteschi più importanti dell'Emilia Romagna.
La videocamera accarezza a passo d'uomo gli interni del palazzo evitando accuratamente di mostrare le visioni d'insieme, di compiacersi nella magnificenza dell'ambiente. Lo sguardo si ferma sui particolari: tagli di affreschi, le balconate, stanze di passaggio, ma soprattutto ci conduce attraverso le tre diverse scale, una ufficiale e due di servizio: una elicoidale dalla struttura vertiginosa che percorre dal basso verso l'alto, l'altra cosiddetta zoppa per il formato degli scalini che costringe ad un'andatura irregolare. Si capisce che l'architettura genera gerarchie - le diverse scale sono pensate per persone con compiti differenti e appartenenti a differenti classi sociali che una volta dovevano compiere percorsi sempre diversi.
Il micromondo di Palazzo Albergati diventa così in maniera discreta una metafora del mondo tout-court a sua volta organizzato in percorsi che dividono anziché avvicinare. Il bianco e nero, la musica appena accennata contribuiscono ad aumentare l'effetto straniante di questo viaggio in uno spazio circoscritto.

Steadygirl was filmed inside Palazzo Albergati, one of the most important XVIIth Century buildings in the region of Emilia Romagna. The videocamera glides through the interior at walking pace, carefully avoiding any overall views, any complacent studies of the magnificence of the whole. The eye rests instead on details: sections of fresco decoration, the balconies, passages; but it also leads us along three different stairways, one formal and the other two for servants: one is a dizzy helix which climbs through the whole block of the building, the other is known as the "limping" stair because of the irregularly placed steps which make it difficult to walk evenly. Which is one way of demonstrating that architecture generates hierarchies – the different staircases were designed for people with different tasks and coming from different social classes, who once had to follow quite separate paths.
The miniature world of Palazzo Albergati is thus discreetly fashioned into a metaphor of the larger world outside, which is also divided up into pathways that keep apart rather than bringing together. The use of black and white and the music, barely hinted at, enhance the unsettling effect of this journey through a restricted space.

Roberta Piccioni

Video
VHS, 1998, 21'

Video è la rappresentazione di un viaggio in treno dal punto di vista del viaggiatore. Non c'è capo né coda, solo fermate intermedie. Girato come un documentario, in realtà non ci consente di orientarci e capire che paesaggio stiamo attraversando. La visione è costantemente spostata, vediamo solo i fili elettrici della ferrovia. Il bianco e nero e l'assoluta mancanza di sonoro suggeriscono una presa di distanza dal reale e ci consentono di immaginarci a nostra volta provvisori viaggiatori.

Roberta Piccioni è nata nel 1967. Vive a Riccione.

Video is the representation of a train journey from the traveller's point of view. There is no departure point or terminus, but only stops along the route. The film is shot like a documentary, though in fact it prevents us from orientating ourselves and recognizing the landscape we are passing through. The view is constantly shifting, but all that we see are the electric wires of the railway. The use of black and white and the complete absence of sound suggest detachment from reality and allow us to imagine we are travellers ourselves for the moment.

Roberta Piccioni was born in 1967. She lives in Riccione.

Cesare Viel

Io sono mio
VHS, 1998, 17'

Io sono mio è un video che documenta un'azione di Cesare Viel svoltasi nel gennaio '98 al Link di Bologna. Assistiamo a una performance anomala, a metà tra il teatro, il cabaret, la confessione, il racconto. Con leggerezza, Viel questi ambiti li attraversa tutti. Da un lato mette in gioco il desiderio di essere presente e lo fa rinunciando a qualunque forma di travestimento semplicemente di maschera; dall'altro riprende senza pudori le fila consuete di un racconto di sé. Una storia. Una storia che ha uno svolgimento strano, che sembra partire ma non parte, che poi parte ma più che svolgersi sembra innanzitutto concentrata a definire le proprie ragioni di esistenza.

Cesare Viel è nato nel 1964, vive e lavora a Genova.

Io sono mio is a video report of a show put on by Cesare Viel in January 1998 at the Link in Bologna. We see an unusual performance, somewhere in the middle between theatre, cabaret, confession and storytelling. With a light touch, Viel moves through all of these genres. On the one hand he brings into play his desire to take part, which he does by renouncing any straightforward disguise or mask; on the other, he quite unabashedly takes up the conventional autobiographical strains. A story. A story which is played out in a strange fashion, which seems about to get going then doesn't and then, when it does get going, seems no longer to develop but rather to concentrate on defining its own reasons for existing.

Cesare Viel was born in 1964, and lives in works in Genoa.

Mario Gorni

presenta/*introduces*:

**Marco Bragaglia, Manuela Cirino,
Paola Di Bello, Orazio Foti,
Dimitris Kozaris**

Presentare una quindicina di lavori di giovani artisti italiani nella tana del lupo dei filmakers, così attenti alle tecniche, alle innovazioni tecnologiche, alle definizioni, agli effetti speciali, è un rischio che si presta a critiche troppo facili. Una peculiare caratteristica degli artisti di ogni tempo è probabilmente la curiosità. Con essa indagano e sviluppano le forme di comunicazione e i linguaggi propri dei mezzi espressivi che sono abituati ad usare. Anche il video, fin dalla sua nascita, è stato oggetto di curiosità e di indagine nei suoi caratteri costitutivi di linguaggio, il tempo, la durata, la luce, il montaggio, la definizione, e nella misura sperimentale dei suoi limiti. Gli artisti analitici hanno fatto dei video analitici, gli artisti di Fluxus e gli artisti performativi hanno utilizzato il mezzo come documentazione per le sue caratteristiche di facilità operativa. È però dalla fine degli anni '70, da quando l'artista ha utilizzato sempre di più lo spazio e l'installazione come modalità operativa privilegiata, con la parziale rinuncia alla specializzazione linguistica, che la presenza del mezzo video è diventato sempre più importante come parte del suo lavoro. E parallelamente la sua stessa figura è andata modificandosi, riflettendo via via sui modelli della comunicazione più che sui singoli linguaggi comunicativi. L'artista (quasi sempre) è abituato a partire fuori da qualsiasi committenza, muovendo dal proprio disagio ed esercitando una funzione critica privata e individuale, sicuramente fuori dai grandi numeri dell'audience e dalle hit parade televisive. Il suo lavoro non vuole mai raccontarci il mondo, bensì la sintesi dell'esperienza di esso, consentendoci di vivere un'esperienza sensoriale autonoma, dalla quale ognuno di noi, di solito, recupera nuove sintesi, nella perenne lotta contro la stupidità. È una questione di resistenza, diceva qualcuno. Di solito il video è solo un pezzo del lavoro di un artista, sicuramente egli potrebbe esistere e continuare il suo lavoro anche senza di esso. ■

To present fifteen or so works by young Italian artists in the lion's den of the nation's filmmakers – who are so concerned with technicalities, technological innovations, definitions, special effects – means laying oneself open to major critical risk. One characteristic which probably unites all artists at all times is curiosity. Artists are driven by curiosity to enquire into and develop forms of communication and idioms which suit the media which they are accustomed to using. So from its inception video also became an object of interest and exploration - into its constituent characteristics and language, time, length, light, editing,

definition, as into the experimental measuring of its limits. Analytical artists made analytical videos, Fluxus and performing artists used the medium to make documentary records because of its flexibility and ease of use.
It was from the late 1970s onwards, however, when artists began increasingly to use spaces and installations as a preferential part of their productive methods and also renounced in part the specialized idiom of their language of expression, that video became an integral part of their work. In parallel, the personae of the artists themselves have also been modified, progressively reflecting more on models of communication than on individual communicative languages. Artists (almost always) start out without the influence of a commissioning patron, basing themselves on their own private disquiet and exercising a private and individual critical function, assuredly outside the mass logic of television audiences and hit parades. Their work does not intend to narrate the world to us, but rather to give us a synthesis of their experience of it, allowing us to go through our own independent sensory experience, which in each of us normally forms the object of a fresh synthesis, in the permanent fight against stupidity. A question of resisting, as it has sometimes been put. Usually video is only one element in the work of an artist, who could certainly go on living and working without it. ∎

Marco Bragaglia

Mothra - donnez l'esprit
VHS Pal, 1997, 7'

Anche qui l'autore attinge copiosamente alla cultura popolare, quella marchigiana, con una sintassi che privilegia il gioco delle luci e l'assemblaggio fra colore e Bianco/nero come metafore. Una storia semplice che raggiunge però alti livelli di tensione soprattutto negli spazi del "visionario", come a superare con l'ironia e il colore del thriller le risposte confezionate alle domande sull'aldilà, che spesso la cultura popolare fa degenerare nell'esoterico.

Marco Bragaglia è nato a Macerata nel 1970. Lavora a Recanati.

This is another work which makes liberal recourse to popular culture, in this case that of the Marche region, with an expressive syntax that lays the emphasis on the play of light and the alternation of colour and black and white as metaphors. A simple story, which however is highly charged with tension, especially in its "visionary" spaces, as if using the irony and colour of the thriller to go

beyond received opinions about the afterlife, which in popular culture is so often reduced to mere esotericism.

Marco Bragaglia was born in Macerata in 1970. He works in Recanati.

Manuela Cirino

Le cose
VHS Pal, 1997, 3'30"

Un lavoro che ci parla delle cose della vita, del loro succedersi, del vortice che ci travolge, intervallato da pause di silenzio e di privato. È il racconto di un ritmo quotidiano qualsiasi, anche il nostro, un ritmo incalzante risolto con la metafora astratta di piccoli solidi geometrici.

Manuela Cirino, Nata a Carate Brianza nel 1962, lavora a Milano.

A video which speaks to us of things in life and the way they happen one after the other, the vortex which overwhelms us, with its interceding pauses of silence and privacy. It is a tale of an ordinary daily rhythm – our own, too – a constant rhythm resolved by an abstract metaphor of small geometrical solid shapes.

Manuela Cirino, born in Carate Brianza in 1962, works in Milan .

Paola Di Bello

Video-Stadio
VHS Pal, 1997, 7'

Anche in questo lavoro ci sorprende l'inganno verosimile dell'architettura che danza al ritmo di blues. Non possiamo credere ai nostri occhi, eppure davanti a noi si verifica il fatto, contrariamente ad ogni ragione.
L'occhio legge ciò che non dovrebbe accadere, "aiutato" anche dalla ripresa verticale che ci costringe a girare il monitor sul fianco sinistro. È un'astrazione che vive di un errore percettivo, senza dirci chi ha vinto la partita.

Paola Di Bello, nata a Napoli nel 1961, lavora a Milano.

This work surprises us by the realistic trick whereby architecture dances to the rhythm of the blues. It's hard to believe our eyes, but there it is, happening right in front of us, contrary to all logic. The eye reads what ought not to be possible, "helped along" by the vertical camera-angle which means that the monitor has to be positioned on its left side. An abstraction which works on the basis of an optical illusion, without telling us who the winner is.

Paola Di Bello, born in Naples in 1961, works in Milan.

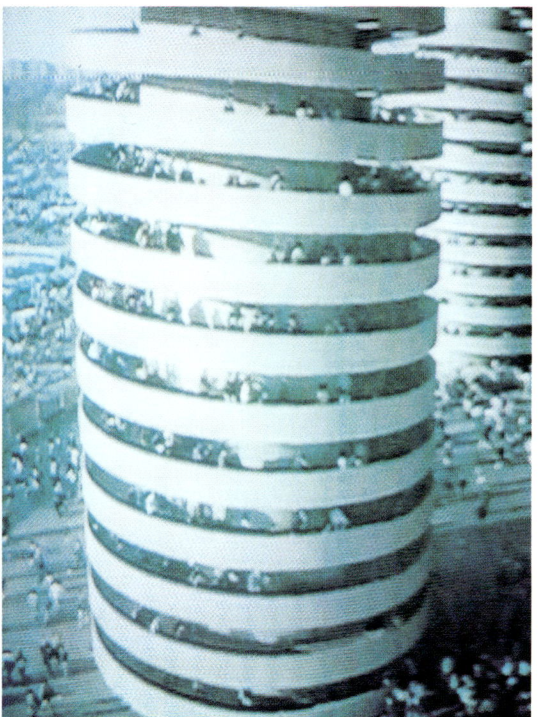

Orazio Foti

Nerochiaro
VHS Pal, 1998, 26'

Ci sono artisti che usano il video come passaggio obbligato, ma che amano la pellicola e l'architettura del cinema sperimentale. Nonostante l'astrazione del titolo, ci troviamo con questo lavoro in un racconto complesso e narrativo, vicino alla fiction, con l'autore pressato dall'angoscia di dover rispondere alle domande di fondo, urgenti quanto assolute. Un atteggiamento inconsueto questo per gli artisti della generazione precedente. L'autore pesca abbondantemente nella cultura popolare del sud, e nella cinematografia italiana postbellica.

Orazio Foti è nato a Catania, dove vive e lavora, nel 1972.

Some artists use video faute de mieux, abstaining from their real love for film and the architecture of experimental cinema. Despite the abstraction of the title, we find in this work a complex narrati-

ve tale that is close to fiction, with its author pressed by the anxious need to respond to certain fundamental questions, as urgent as they are absolute. Which is an unusual attitude for artists of the preceding generation. The film makes extensive use of the popular culture of Southern Italy, as of post-war Italian cinema.

Orazio Foti was born in Catania, where he still lives and works, in 1972.

Dimitris Kozaris

Body and soul
VHS Pal, 1998, 40'

Un prodotto collettivo di 28 artisti che hanno seguito un workshop tenuto da Kozaris fra il novembre 1997 e il marzo 1998. Questo lavoro ha voluto essere un laboratorio tecnico-pratico di ricerca nella filmografia occidentale per trovare e montare brani da oltre 50 film con lo scopo di comporre brevi episodi espressivi sui grandi temi che affliggono la cultura contemporanea. Un approccio didattico per conoscere ciò che é già stato detto, e per spingere ad immaginare nuove soluzioni linguistiche.

Dimitris Kozaris è nato ad Atene nel 1960. Lavora a Milano.

A collective production by 28 artists who attended a workshop held by Kozaris between November 1997 and March 1998. The intention of this video was to provide a technical-practical laboratory for research into the film heritage of the West, with the aim of finding and editing excerpts from over 50 films to compose brief episodes illustrative of the big issues in contemporary culture. A didactic approach towards learning about what has already been said, so as to drive towards and imagine new linguistic solutions.

Dimitris Kozaris was born in Athens in 1960. He works in Milan .

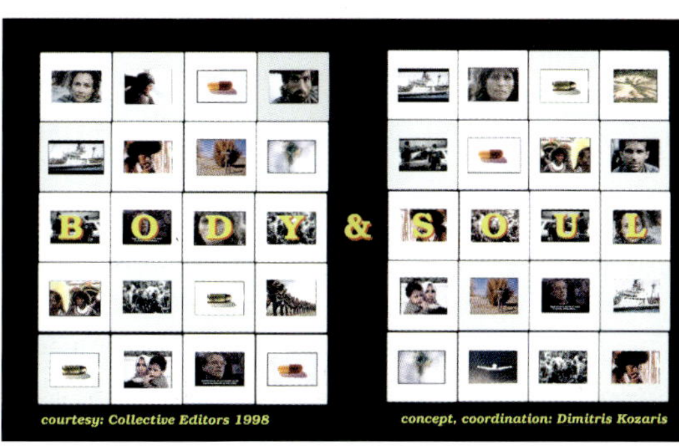

presenta/*introduces*:

Gianluca Lombardo, Ethical Bros, Stefania Perna

Gli artisti proposti in questa selezione, tutti catanesi di origine, non sono riconducibili ad un ambito unitario della ricerca artistica contemporanea, rappresentano piuttosto tre ricerche espressive diverse per contenuti e linguaggi utilizzati. È proprio questa eterogeneità che ci interessa evidenziare, e nei lavori presentati, risultano leggibili approcci, metodologie di lavoro, sensibilità e finalità differenti: l'approccio concettuale -e documentativo, dal punto di vista formale- di Stefania Perna che trova nel video il mezzo più funzionale a realizzare il senso della sua ricerca sullo spazio; l'interesse alla manipolazione del mezzo e dei supporti di Ethical Bros che lavorano sulla ridondanza e sulla reiterazione delle immagini, marcando forse il valore più "installativo" del loro lavoro; e l'approccio intimista e minimalista di Gianluca Lombardo, che lavora sull'apparente ovvietà del quotidiano operando piccoli scoperchiamenti che lasciano intravedere altri significati. ■

*T*he artists in this section all came originally from Catania in Sicily, but they cannot be pigeon-holed in a single contemporary art category; rather they represent three quite different trends of expression, in terms of content and language used.
The selection intended to highlight precisely that diversity, with works that have distinctly heterogeneous approaches, working methodologies, sensibilities and aims. All three artists take a different approach, both conceptually - and documentarily, from a formal point of view. Stefania Perna finds in video the most functional medium for realising her sense of spatial research; the Ethical Bros are interested in manipulation of the medium and supports, working on redundancy and reiteration of images, with a markedly "installational" emphasis to what they do; Gianluca Lombardo takes an intimate and minimalist approach, working on the apparent banality of the day-to-day but revealing little things here and there which open up glimpses of other meanings altogether. ■

Gianluca Lombardo

Senza titolo
Betacam /Betacam, 1998, 14'6"

Gianluca Lombardo lavora sul tema dell'assenza, sulla "sparizione" del lavoro dell'artista, che non va esibito ma cercato e ritrovato.
In *Senza titolo*, attraverso piccoli scoperchiamenti, svela delicatamente i frammenti di una interezza imprendibile, evocando un'esistenza nel silenzio atemporale della camera e nell'apparente fissità del bosco.

Gianluca Lombardo works on the theme of absence, on the "disappearance" of the artist's work, which is not so much exhibited as sought and rediscovered. In Senza titolo *minor events unfold, delicately revealing the fragments of a whole which cannot be grasped, evoking an existence in the atemporal silence of the camera and the apparent fixity of the forest.*

Ethical Bros

100% (video remix)
VHS, 1997, 5'56"
Colonna sonora/*Soundtrack:* A. Parsons & S. Court, "Bass 0-200Hz & Phase Check"

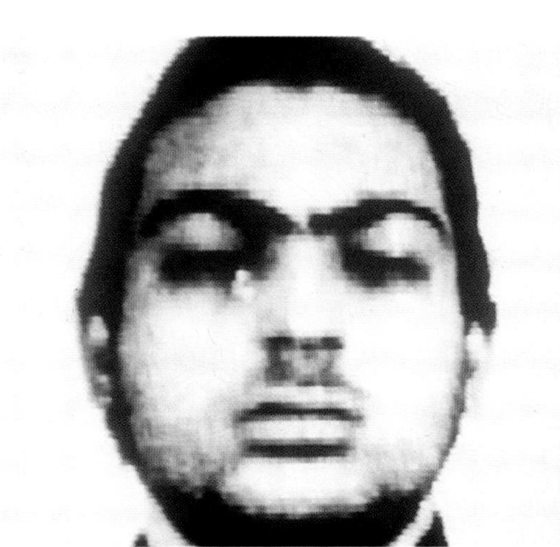

Il lavoro dei fratelli etici Federico Baronello e Maurizio Leonardi poggia sulla consapevolezza di appartenere ad un sistema totale omologante spingendo la loro analisi e la loro azione artistica fino al punto di ritenere la stessa prassi della rappresentazione l'unico oggetto degno di essere rappresentato. La scelta di supporti altamente riproducibili (digital video, files grafici, ipertesti, videotapes, matrici per offset serigrafia, ecc...) obbedisce al proposito degli autori di forzare il limite esterno (la "cornice" dell'opera) costringendo se stessi, il medium trattato e il pubblico coinvolto, a dichiarare, di volta in volta, limiti, collocazione e reali intenzioni.

The work of the ethical brothers Federico Baronello and Maurizio Leonardi rests on the awareness of belonging to a total, homologating system, pushing their artistic analysis and intervention to the point where the practice of representation itself is considered the only object worthy of being represented. The choice of easily reproducible supports (digital video, graphic files, hypertext, videotapes, offset silkscreen matrices, etc…) is in line with the artists' aim of forcing the outer limit (the "frame") of the work, constraining themselves, the medium used and the public involved to declare, each time, their limits, collocation and real intentions.

Stefania Perna

Prendere possesso attraverso la necessità dell'occhio
video Pal, bianco/nero e colore/
video Pal, b/w and colour, 1996, 5'30"

È il primo lavoro sul tema della riconoscibilità e dell'appropriazione degli spazi attraverso lo sguardo; il video è utilizzato come una sorta di quaderno di appunti dove ad un preciso significato simbolico corrisponde l'immagine come elemento portante del lavoro.

This is her first work on the theme of the recognizability and appropriation of spaces through vision; the video is used as a kind of notebook, in which the image, as the bearer of much of the work's significance, corresponds to a precise symbolic value.

Dentro il fuori
video Pal, colore, /*video Pal, colour*, 1997, 5'33"

Video documentario di una installazione sonora realizzata a Piacenza con la proiezione di suoni provenienti dalla strada all'interno di un ambiente immediatamente a ridosso di essa.
Ciò che appartiene al collettivo entra nella sfera del privato stravolgendone i connotati esistenziali. Nell'impossibilità di individuare la paternità dei suoni nella dispersione di accadimenti temporanei ed accidentali si determina così una intromissione, disarmonia e disturbo, fastidio e spaesamento, accostamento incongruo di contrari, per una probabile contaminazione e reversibilità degli spazi e delle funzioni.

A video documentary of a sound installation created in Piacenza using sounds projected from the street outside into a room immediately adjoining. The collective dimension enters into the private sphere, completely overturning its existential connotations.
Since the origin of the sounds cannot be identified in the dispersion of temporary and accidental events, there is a kind of intromission, disharmony and disturbance, an annoyance and disorientation, the incongruous pairing of opposites, for a probable contamination and reversibility of spaces and functions.

Trasloco
video Pal, colore/*video Pal, colour*, 1997, 5'35"

Trasloco è un progetto composto da una serie di video brevi, sviluppati secondo la seguente scaletta:

Trasloco (Removal) is a project consisting of a series of short videos developed according to the following scheme:

- Trasloco/*removal* 30 aprile 1997
- La stanza da letto/*The bedroom*
- Imballaggi/*Packing*
- Svuotamento delle stanze/*Clearing the rooms*
- Trasporto mobili/*Moving furniture*
- Caricamento e scaricamento camion/
  Loading and unloading the truck
- Riempimento delle stanze/*Filling the rooms*

Trasloco 29/30 aprile 1997 rappresenta la cancellazione dei valori costituendo la perdita del senso della proprietà come atto lacerante e devastante, mancanza, impossibilità di trattenere gli oggetti amati, costituendo un evento luttuoso di irreparabile gravità; in questa impossibilità di trattenere la memoria attraverso la cancellazione dei luoghi si nega ad essi la funzione di contenitori della memoria avvicinandoci alla perdita della funzione di spazio.

Removal 29/30 April 1997 represents the cancellation of values, recreating the loss of the sense of ownership as a moving and upsetting moment, the loss, the impossibility of holding onto loved objects, an event of irreparably serious grief; in this impossibility of holding onto memory through the cancellation of places, their function as containers of memory is denied: the video comes close to showing space as losing its purpose.

Stefania Perna, catanese, è interessata al rapporto tra radicamento ed instabilità attraverso la descrizione dello spazio, che da entità assoluta geometrica si relaziona all'urbano ne l semplice contatto sensorilae tra esterno ed interno. Vive e lavora a Piacenza.

Stefania Perna, from Catania, is interested in showing the relationship between roots and instability through the description of space, which from an absolute geometrical entity relates to the urban dimension in the straightforward sensory contact between exterior and interior. She lives and works in Piacenza.

presenta/*introduces*:

William Kentridge

I mpegnato da sempre nella lotta all'apartheid, Kentridge ha fatto di questo tema il nodo centrale del suo lavoro, che spazia dal teatro d'avanguardia alle installazioni al disegno, a una serie di video d'animazione realizzati a partire dal 1987. È stato recentemente invitato a partecipare alla Biennale dell'Avana (1997), a quella di Johannesburg (1998) e a quella di San Paulo in Brasile (1998), a Documenta X a Kassel in Germania. In Italia é stato invitato alla mostra Città Natura a Roma. Ha esposto in importanti gallerie a New York, Londra, Los Angeles, Monaco. Nell'agosto 1997 il suo spettacolo teatrale *Ubu and the Truth Commission* è stato presentato a New York suscitando grande scalpore per il modo diretto e al tempo stesso visionario con cui sono affrontati i temi più scottanti di un passato recente, tutt'altro che risolto, del Sudafrica.

I suoi video sono stati presentati in alcuni dei festival internazionali più importanti, tra cui la Settimana Internazionale del Video di Ginevra.

Six Soho Eckstein films è il titolo di un gruppo di 6 lavori che hanno impegnato William Kentridge dal 1989 al 1995: *Johannesburg - 2nd Greatest City after Paris* (1989, 8'); *Monument* (1990, 3'); *Mine* (1991, 5'50"); *Sobriety, Obesity & Growing Old* (1991, 8'30"); *Felix in Exil* (1994,9'); *History of the Main Complaint* (1995) La lotta contro l'Apartheid e la civile indignazione contro la segregazione razziale sono il motivo conduttore di tutta la poetica di William Kentridge. Il suo lavoro d'artista scaturisce dall'urgenza pericolosa di denunciare a tutto il mondo il clima di disperazione e di violenza in cui versava la maggioranza della popolazione nera, e dalla sofferenza senza responsabilità di appartenere alla razza bianca. I sei film costituiscono nel loro insieme una composizione epica che ci racconta i drammi, le torture, le speculazioni dei suoi personaggi e soprattutto di Eckstein il capitalista sfruttatore del lavoro nero che si abbassa ad ogni nefandezza in nome del profitto e di Felix suo nemico e vittima che può solo lasciarsi vivere.

Il racconto usa un linguaggio di animazione essenziale, a volte solo scarno, ottenuto semplicemente, disegnando con il carboncino su pochi fogli di carta da spolvero e riprendendo con la videocamera due fotogrammi per volta le progressioni del disegno. Il lavoro conserva in questo modo le tracce di ciò che é appena accaduto, segni e cancellature compresi, srotolandosi davanti ai nostri occhi in una continuità sorprendente. La traccia sonora é di accompagnamento come il pianoforte nel cinema muto. A volte, come in *Ubu and the Truth Commission* che non fa parte del ciclo di Soho Eckstein, sono importanti i brevi inserti video presi dalla televisione nazionale, che raccontano piccole cronache dell'Apartheid, a sottolineare la veridicità del racconto, senza proseguire nel realismo. ∎

A lifetime campaigner in the fight against apartheid, Kentridge has made that struggle into the central theme of his art, which ranges from avant-garde theatre through installations to drawing, plus a series of animated videos which began in 1987. He was recently invited to take part in the Havana Biennale (1997), as also those in of Johannesburg (1998) and San Paulo in Brazil (1998), and in Documenta X in Kassel, Germany.
In Italy he has been invited to exhibit at the Città Natura exhibition in Rome. He has also shown his work in important galleries in New York, London, Los Angeles and Munich.
In August 1997 his theatre piece Ubu and the Truth Commission *was presented in New York, creating something of a furore by its direct but at the same time visionary treatment of the burning issues of South Africa's recent and anything but resolved history.*
His videos have been presented at several major festivals, including the International Video Week in Geneva.

Six Soho Eckstein Films *is the title for a group of six films produced by William Kentridge between 1989 and 1995:* Johannesburg - 2nd Greatest City after Paris *(1989, 8');* Monument *(1990, 3');* Mine *(1991, 5'50");* Sobriety, Obesity & Growing Old *(1991, 8'30");* Felix in Exil *(1994, 9');* History of the Main Complaint *(1995).*
The fight against apartheid and the civil anger against racial segregation have been the leitmotiv of all of William Kentridge's poetics. His work as an artist has derived from the dangerously urgent need to denounce to the world the climate of violence and desperation in which most of the black population lived, and the suffering without responsibility of belonging to the white race. Taken together, the six films constitute an epic composition which narrates the dramas, the torture, the speculations of its characters and

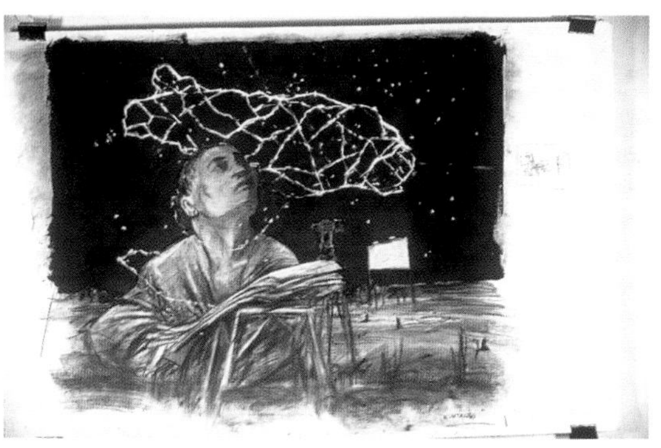

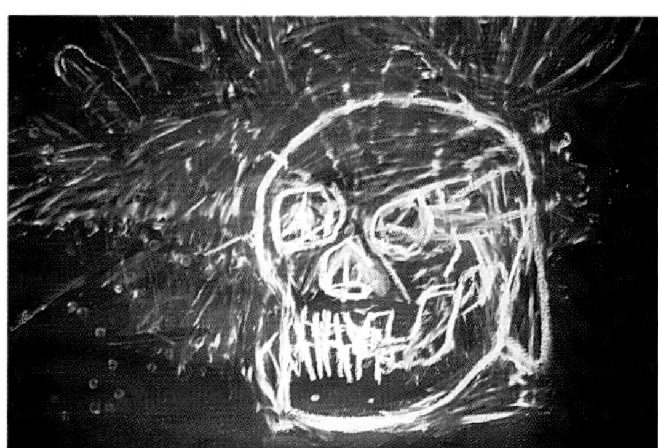

above all of Eckstein, the exploitative capitalist who uses black labour and sinks to every iniquity in the name of profit, and Felix, his enemy and victim who can only allow himself to go on living. The story uses an essential language of animation, sometimes stripped bare, obtained simply by drawing in charcoal on a few sheets of tracing paper, and then using the videocamera for two frames at a time to create animated progression. In this way the work preserves the traces of things that have just happened, including marks and erasures, scrolling before our eyes in surprising continuity. The soundtrack is a piano accompaniment like those for silent films. Now and again, as in Ubu and the Truth Commission, *which is not part of the Soho Eckstein cycle, there are short but meaningful video excerpts from national TV, showing the day-to-day reporting of apartheid, providing the back-up of truth without going further into realism.* ∎

Mario Gorni

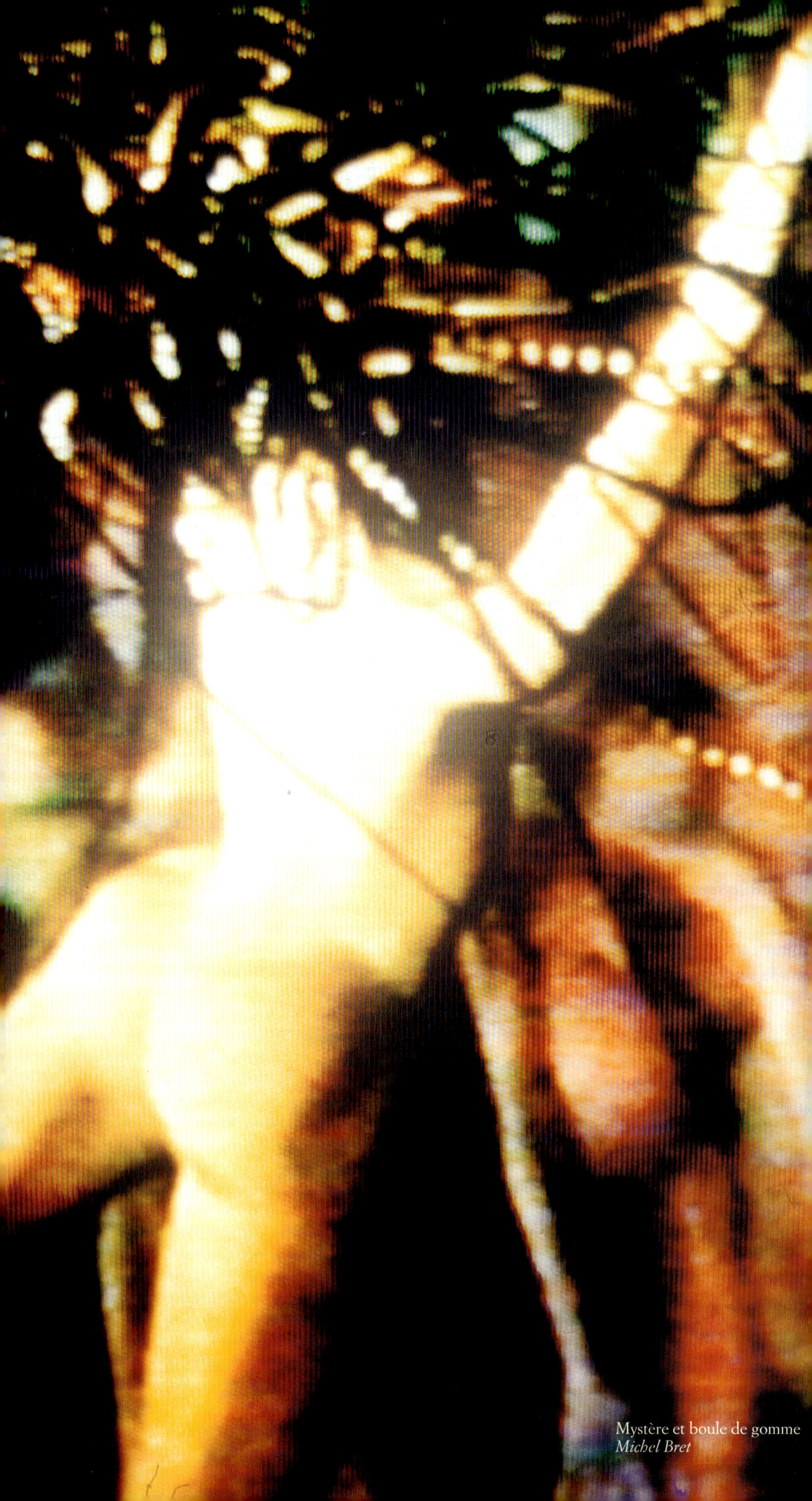

Mystère et boule de gomme
Michel Bret

Eventi

Events

MARK WHITNEY-CARLO PEDRETTI
Leonardo's Deluge

USA, 1989, 13'30"

Realizzazione/Directed by: Mark Whitney

Sceneggiatura/Script: Carlo Pedretti, con Morgan Thomas e Mark Whitney

Narrazione/Narrator: Anjelica Huston

Effetti speciali/Special effects: intensificazione delle immagini e animazione sequenziale dei disegni di Leonardo/Animation Laboratory (image enhancement and sequential animation of the Leonardo drawings): Jet Propulsion Laboratory, Pasadena, California, Digital Animation Laboratory; **animazione/(animation):** Jeffrey R. Hall, Betsy Sher Hall; **digitalizzazione dell'immagine/ (digitalized images):** Joe Fulton; **esperimenti sulla fisica della dinamica dei fluidi/(physical experiments in fluid dynamics):** National Center for Supercomputing Applications, University of Illinois, Urbana; **ricerca scientifica/(research scientist):** Michael Norman; **animazione/(animation):** Donna Cox

Musica/Music: Ian Underwood

Produzione/Production: Mark Withney; **produttore esecutivo/Executive producer:** Benjamin B. Johnson. Per il programma "Art on Film", Metropolitan Museum of Art in collaborazione con il Paul Getty Trust

Mark Whitney, uno dei più importanti ricercatori nel campo della computer-art e della computer grafica, è nipote di John e James Whitney, pionieri a livello mondiale in questo settore e inventori di procedimenti ed effetti elettronici, molti dei quali poi assorbiti dal mercato cinematografico (John Whitney ha creato, fra l'altro, gli effetti per *2001, a Space Odyssey*, di Kubrick). Mark Whitney vive e lavora in California e svolge numerose ricerche e attività legate alla computer grafica e alla realizzazione cinematografica. È uno degli assistenti di Stanley Kubrick.

Carlo Pedretti, ideatore e sceneggiatore del video, è uno storico dell'arte che ha dedicato la sua vita a studiare Leonardo da Vinci, di cui è il maggior esperto nel mondo. Ha pubblicato una gran quantità di studi e ricerche, curato mostre e convegni, concepito film e video su Leonardo, svolto attività didattica. È direttore dell'Armand Hammer Center for Leonardo Studies, UCLA, University of California, Los Angeles. Di imminente pubblicazione, in cinque lingue, la sua biografia *Leonardo: in presa diretta cinque secoli dopo*.

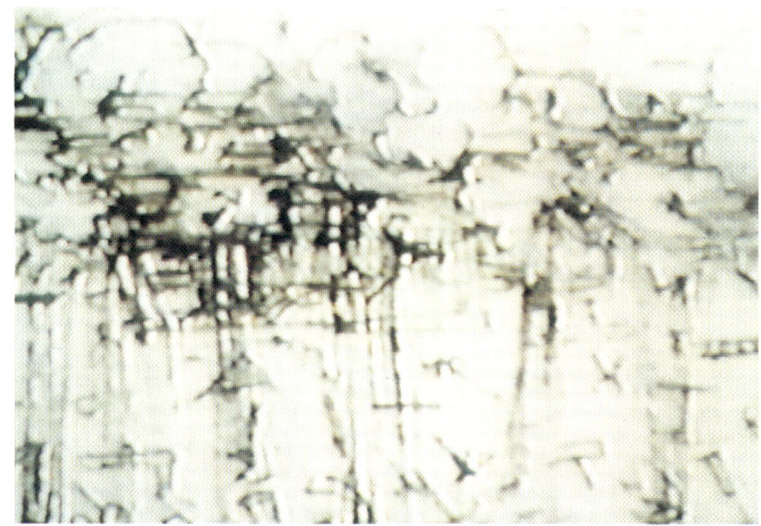

"Il video usa tecniche di computer animation e scene del paesaggio naturale intorno all'Arno per sottolineare il significato simbolico dei disegni di Leonardo a Windsor. La narrazione consiste in una scelta dai taccuini di Leonardo. Concepita come un esperimento sullo stato e le possibilità delle tecniche di animazione al computer, l'animazione digitale è stata realizzata tramite un software creato appositamente per questo progetto dall'animatore al computer Karl Sims, che ha lavorato con un supercomputer chiamato 'The Connection Machine'. I disegni di Leonardo sono stati scannerizzati elettronicamente e digitalizzati, usando tecniche sviluppate in origine per studiare fotografie prese nello spazio. L'animazione dei disegni digitalizzati è stata ispirata da studi scientifici sulla dinamica dei fluidi." (Nathalie Guttmann)

"Che Leonardo avesse anticipato il cinema lo insegnava Sergei Ejzenstein a Mosca, nel 1934. Aveva studiato i disegni sul tema del *Diluvio*... e li presentava come un sistema ideale di montaggio cinematografico. Ejzenstein voleva anzi fare un film partendo da quei disegni (...) Va detto come premessa che quelli del *Diluvio* non sono solo disegni preparatori, ma anche studi di fisica, una sorta di diagrammi. È come se fossero la rappresentazione grafica del progredire di un fenomeno fisico, sulla base dei principi di meccanica dei fluidi che Leonardo teorizzava con grande correttezza. È per questo che è stato possibile tradurli in movimento, atttraverso potenti computer (quelli dell'Università dell'Illinois di Urbana) che hanno elaborato a livello digitale i motivi dei disegni..." (Carlo Pedretti, intervista di Giordano Stabile, *Lo Specchio*, 28 novembre 1998)

"...Il film non deve il suo fascino visivo esclusivamente all'alta tecnologia. È soprattutto una riflessione sulla filosofia di un pittore pienamente consapevole dei poteri della sua mente creativa e tuttavia sempre pronto ad accostarsi alla Natura con umiltà scientifica e trepidazione emotiva, cosicché la complessità e la bellezza dell'operato della natura stessa - dalla creazione alla distruzione - diventa l'oggetto della sua insaziabile curiosità..." (Luisa Cocliati Arano, "Leonardo's Deluge. The Film", *Achademia Leonardi Vinci*, volume II, Giunti, Milano 1989)

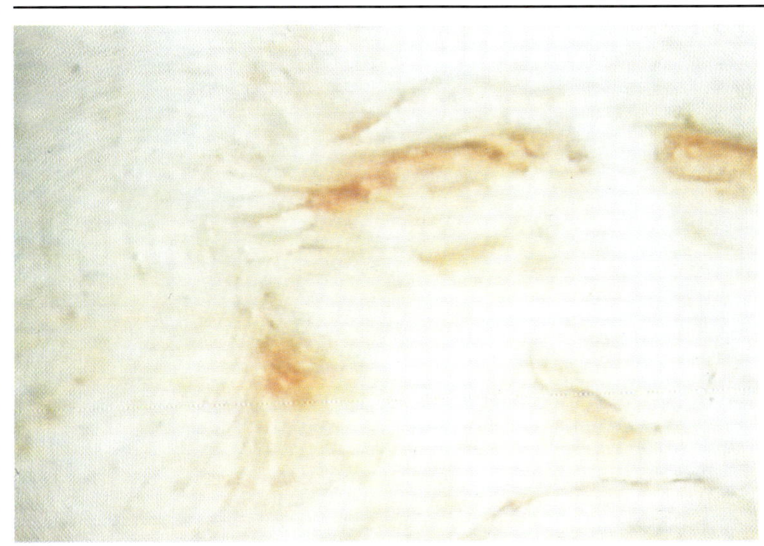

Mark Whitney, *one of the leading researchers in computer art and computer graphics, is the nephew of John and James Whitney, who were global pioneers in the same field, inventing special effects techniques which found a ready market in the movie industry (John Whitney was the FX wizard for Kubrick's epoch-making* 2001: A Space Odyssey). *Mark Whitney lives and works in California, where he is working on several research projects involving computer graphics and filmmaking. He is an assistant to Stanley Kubrick*

Carlo Pedretti, *who conceived and wrote the video, is an art historian who has devoted his career to the study of Leonardo da Vinci, becoming the world's leading expert on the subject. He has written and lectured extensively on Leonardo, publishing essays and studies, organizing conventions and exhibitions and conceiving films and videos. He is the director of the Armand Hammer Center for Leonardo Studies in Los Angeles at UCLA, University of California. He is the author of a forthcoming biography of Leonardo, to be published in five languages,* Leonardo: in presa diretta cinque secoli dopo.

T*he video uses computer animation techniques and scenes of natural landscape around the Arno River to understroke the symbolic significance of Leonardo's Deluge drawings at Windsor. The narration consists of selections from Leonardo's notebooks. Conceived as an experiment in state-of-the-art computer animation techniques, the digital animation was realized by means of a software program created especially for the project by computer animation expert Karl Sims, working with a supercomputer called the Connection Machine. The Leonardo drawings were electronically scanned and digitalized using techniques originally developed for studying pictures taken in super space. The animation of the digitalized drawings was informed by scientific studies in fluid dynamics.*

The film, in fact, is not meant to rely exclusively on high technology for its visual appeal. It is above all a statement about the philosophy of a painter fully aware of the powers of his creative mind and yet ever ready to approach Nature with scientific humility and emotional trepidation as the complexity and beauty of her works – from creation to destruction – become the object of his relentless curiosity." (Luisa Cocliati Arano, Leonardo's Deluge. The Film, *in* "Achademia Leonardi Vinci", Vol.II, Giunti, Milan 1989*)

"In one of his lectures in Moscow in 1934 Sergei Eisenstein stated that Leonardo was a forerunner of the cinema. He had studied the artist's series of drawings on the Deluge ...and he presented them as an ideal system of cinema editing. In fact Eisenstein even planned a film based on the drawings (...) It should be said from the outset that the Deluge drawings are not just preparatory sketches, but also studies in physics, diagrams in a way. It is as if they were the graphic representation of the progress of a physical phenomenon, on the basis of Leonardo's own theoretical principles of fluid mechanics, which were remarkably accurate. Which is why it was possible to turn them into moving pictures using the supercomputers at the University of Illinois in Urbana, that could digitalize the drawings..." (interview with Giordano Stabile in the magazine Lo Specchio, 28 November 1998)

MARCOS JORGE

Paesaggi
Rappresentazione video-sonora di viaggi

Italia/Italy, 1998, 50'

Immagini/Images: Marcos Jorge

Musiche/Music: Paolo Pachini (*La Stanza delle Voci d'Acqua*), Fabrizio de Rossi Re (*La Stanza dei Paesaggi Artificiali*), Maurizio Pisati (*La Stanza degli Indizi Terrestri*), Gabriele Manca (*La Stanza del Sole Passante*).

Interpreti/Musicians:
Maurizio Ben Omar (percussioni/*percussion*), Federico Mondelci (saxofoni/*saxophones*), Antonio Sardi de Letto (tastiere/*keyboard*), Birgit Nolte (flauti/*flutes*)

Produzione /Produced by: Marcos Jorge
Montaggio/Editing: Paola Fredi
Assistente/Assistant director: Enzo Calderone

Prodotto in collaborazione con/Produced with the collaboration of: Sipario Ducale-Festival delle Terre di Pesaro e Urbino

Marcos Jorge è nato a Curitiba (Brasile) dove nel 1988 si è laureato in Comunicazione Sociale. Nel 1989 ha studiato cinema a Roma. Dal 1991 ha realizzato diversi documentari, servizi televisivi, cortometraggi in Italia e in Brasile, vincendo molti premi internazionali. Il suo lavoro, sempre meditato ed elegante, spazia dall'autobiografia al documento alla rielaborazione (anche in videoinstallazioni) di spunti, tematiche, suggestioni visive che provengono dalla letteratura, dalla musica, dal teatro, dal viaggio.

Fabrizio de Rossi Re è autore di una vasta produzione che spazia dalla musica da camera, sinfonica, elettronica, di teatro musicale fino alla danza. È membro dal 1987 di "Nuova Consonanza" di Roma.

Gabriele Manca ha studiato pianoforte con Bruno Canino e composizione con Giacomo Manzoni. Ha partecipato a diverse rassegne di musica contemporanea. Nel 1985 gli è stato assegnato il premio "Neue Generation in Europa", per l'anno europeo della musica.

Maurizio Pisati è presente sulla scena della musica contemporanea dall'inizio degli anni '80. Le sue composizioni (fra cui varie opere di teatro musicale da camera) sono state premiate in concorsi nazionali e internazionali.

Paolo Pachini si è formato con Salvatore Sciarrino, Mauro Bortolotti e Ivan Vandor (composizione) e Riccardo Bianchini (musica elettronica). Si è specializzato in informatica musicale. Sue opere sono state commissionate da varie istituzioni musicali e culturali italiane e straniere.

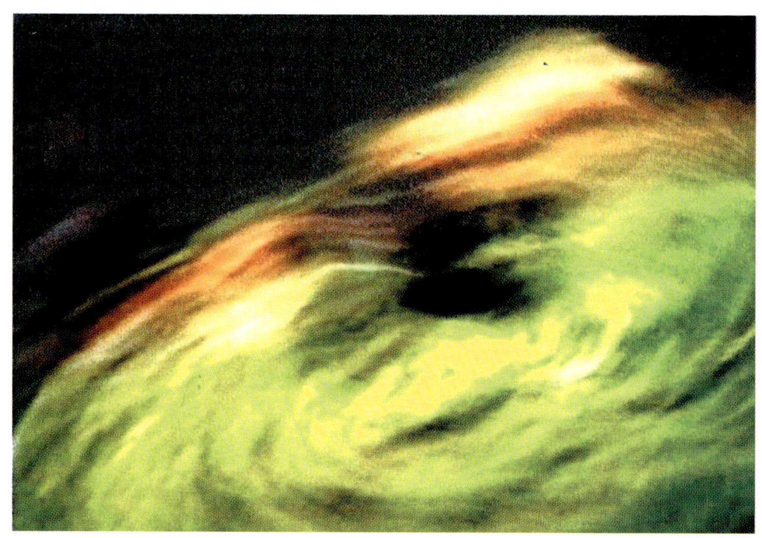

"La formulazione di 'videoconcerto' che abbiamo utilizzato per definire lo spettacolo musicale *Paesaggi* cerca di rendere conto della sua natura un po' particolare di opera 'videosonora'. Nella realizzazione dello spettacolo, musica e video sono stati trattati allo stesso livello (...) Compositori e videomaker hanno lavorato parallelamente e simultaneamente sulle idee di fondo, sviluppando in libertà i propri discorsi, ma tenendo presenti gli obiettivi generali. Punto di partenza della sperimentazione è stata la ricerca di un dialogo più prolifico tra immagine e musica, una dialettica che andasse oltre al collaudato e per alcuni versi scontato sincronismo (ritmico e/o timbrico). Attraverso costanti contatti tra gli autori, i musicisti hanno influenzato la nascita delle immagini così come il videomaker ha influenzato lo sviluppo della musica..." (Gli autori)

"Paesaggio: secoli di pittura, fotografia e cinema hanno prodotto ogni sorta di rappresentazione del paesaggio (...) Mi colpì la definizione del dizionario: 'aspetto di un luogo che si abbraccia con lo sguardo'. Ecco un poetico e stimolante punto di partenza: avrei dovuto creare immagini rappresentative di uno sguardo capace di 'abbracciare'. Il video, però, non è proprio lo strumento adatto ad affettuose dimostrazioni di apprezzamento per i luoghi, anzi, è considerato piuttosto 'freddino' (...) Inoltre (e questo è uno dei suoi aspetti più interessanti), per la sua caratteristica bassa risoluzione, l'immagine elelltronica poco si addice alla raffigurazione di grandi spazi compositivi (...) Era inevitabile, anche volendo partire (e lo volevo) da immagini reali, ottenere immagini di un paesaggio 'soggettivo'. Per fare questo video ho viaggiato attraverso l'Italia. In automobile, unicamente per strade secondarie. Senza pretenziose intenzioni di compendiare o capire, soltanto 'guardando'. E catturando, questo è ovvio, con la telecamera quello che vedevo. Il resto l'ho fatto a casa, utilizzando, com'è mio stile, mezzi minimi e a volte artigianali. Cercando di sottolineare gli aspetti pittorici dell'immagine elettronica e, in fase di montaggio, puntando sulla musicalità del succedersi delle inquadrature." (Marcos Jorge)

immaginari nel paesaggio italiano

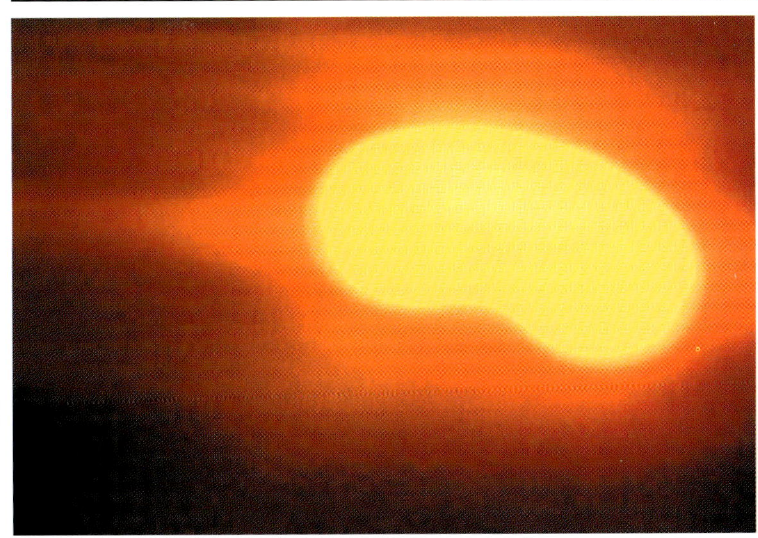

Marcos Jorge *was born in Curitiba in Brazil, where he graduated in Social Communication in 1988. In 1989 he studied cinema in Rome. Since 1991 he has made documentaries, television reports and short subjects in Italy and Brazil, winning many international awards. His work, always meditative and elegant, ranges from the autobiographical to the documentary, to the re-elaboration (including in video installations) of ideas, themes and visual notions taken from literature, music, theatre and travel. He has lived in Milan since 1996.*

Fabrizio de Rossi Re *is the author of a vast body of work which ranges from chamber, symphonic, electronic and theatrical music to dance. He also writes music for cinema and television. Since 1987 he has been a member of the Rome-based* Nuova Consonanza.

Gabriele Manca *studied piano with Bruno Canino and composition with Giacomo Manzoni. He has taken part in various contemporary music series. In 1985 he won the* Neue Generation *in Europa prize for European Music Year.*

Maurizio Pisati *has been on the contemporary music scene since the early 1980s. His compositions (which include various chamber operas) have won awards in national and international competitions.*

Paolo Pachini *studied composition under Salvatore Sciarrino, Mauro Bortolotti and Ivan Vandor, and electronic music with Riccardo Bianchini. He has specialised in musical computer technology. He has received commissions from various cultural and musical institutions in Italy and abroad.*

Di Marcos Jorge nell'archivio Invideo: *Lettera a Bertolucci; Reflections; Vernichtung Baby* (con Muscardini e Piperno)

*"T*he video concerto formula which we have used to define the musical piece Paesaggi *is an attempt to do justice to the rather peculiar nature of the 'sound-video' work. In making the piece, music and video were treated at the same level (...) Composers and videomakers worked simultaneously in parallel on the underlying ideas, developing their own intervention independently but bearing in mind the overall objectives. The starting point for the experiment was the search for a more prolific dialogue between image and music, a dialectic which would go beyond synchronism of rhythm or timbre, tried and tested and to some extent taken for granted. Through constant contact with the videomakers, the musicians influenced the creation of the images, just as the videomakers in turn influenced the way the music developed..."*

"Landscape: centuries of painting, photography and cinema have produced every kind of representation of landscape (...) I was struck by the dictionary definition: "aspect of a place which can be embraced by the vision". There was a poetic and stimulating point of departure in those words: I ought to create images representative of a vision capable of "embracing". But the video is not the tool best suited to affectionately demonstrative appreciations of places, on the contrary it tends to come across as rather "cold"... Moreover (and this is one of the most interesting aspects), because of its low resolution characteristics the electronic image is not very good at depicting large-scale compositional spaces... It was inevitable, even if I'd wanted to start from real images (as in fact I did), that what I'd get would be a 'subjective' landscape. In order to make this video I travelled through Italy. In the car, and only on minor roads. Without any pretentious intention of being all-inclusive or comprehending, but just 'watching'. And recording what I saw on video, obviously enough. The rest I did at home, using minimal, sometimes home-made equipment in the way I usually do. I tried to underline the pictorial aspects of the electronic image and in the editing I stressed the musicality of the succession of takes."

ZONEGEMMA
Storie mandaliche

Iper-racconti/Hyper-stories:
Andrea Balzola

Computer'azioni/Computer-action:
Massimo Cittadini

Segnal'azioni/Inform-action:
Anna Maria Monteverdi

**Narr'azione e Direzione/Narr-action
and Direction:** Giacomo Verde.

zoneGemma è un laboratorio di "cultura bio-tecnologica" nato dall'incontro di quattro persone: il performer e teknoartista Giacomo Verde, il computer-artista Massimo Cittadini, il drammaturgo Andrea Balzola e la critica-teorica Anna Maria Monteverdi. Origini diverse che si intrecciano nell'idea di far interagire la ricerca teatrale con la ricerca teknoartistica (cioè: l'uso e la sperimentazione delle tecnologie audiovisive e digitali), per creare eventi e zone interattive di comunicazione e spettacolo.

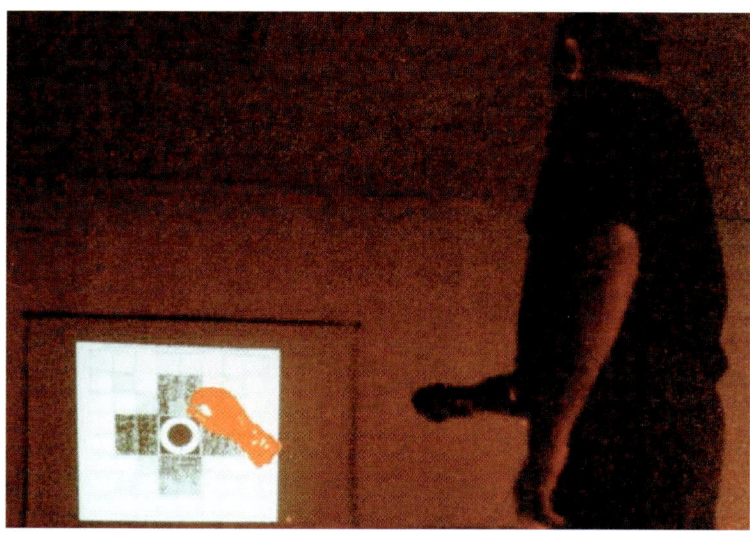

«Il Mandala System è un insieme software e hardware per computer Amiga: permette di integrare oggetti ripresi da una videocamera con sfondi e oggetti attivi generati da un computer. In questo modo è possibile mostrare su uno schermo degli ambienti virtuali che reagiscono, trasformandosi e generando suoni, al tocco di un narratore che diventa così un Cyber-contastorie: al posto del telo disegnato ha delle immagini in video proiezione (o su monitor) che lui stesso può trasformare seguendo il ritmo, in tempo reale, del suo racconto.

"Quando cominciai a disegnare il mandala, vidi che tutto, tutte le strade che avevo seguito, tutti i passi intrapresi riportavano sempre ad un punto, cioè nel mezzo. Mi fu sempre più chiaro che il mandala è il centro. È l'espressione di tutte le vie. È la via al centro, alla individuazione" (C. G. Jung)

Il termine "Mandala" significa in sanscrito "cerchio magico" o "mistico" ed è, secondo Jung, il simbolo della meta del Sé come totalità psichica. Le rappresentazioni a forma mandalica sono archetipi universali e sorgono nell'attività onirica e immaginaria per lo più in situazioni caratterizzate da disorientamenti e perplessità, stati d'animo tipici di questo periodo segnato da mutazioni tecnologiche che mettono continuamente in discussione il senso della propria identità.

Le Storie mandaliche che racconteremo parleranno appunto di questo: di esseri e sentimenti in mutazione in un mondo brulicante di connessioni elettronico-emotive.

Sono 7 storie collegate tra loro: il bambino-uomo; il mandorlo; la principessa nera; il corvo; il cane bianco; la pietra; l'ermafrodito.

Sfruttando le potenzialità ipertestuali della scrittura digitale ogni sera uno spettatore potrà decidere da quale storia iniziare lo spettacolo, mentre lo svolgimento della narrazione sarà ogni volta determinato dal tipo di "umore" della platea.

La realizzazione di Storie Mandaliche è iniziata nel luglio del '98 durante il Festival teatrale Scantafavole di Ripatransone (AP), nel corso di un laboratorio aperto al pubblico, e si intende continuare il suo allestimento anche attraverso incontri laboratoriali e prove aperte.

Il lavoro di allestimento è seguito da Anna Maria Monteverdi, che sta curando (con la collaborazione degli autori dello spettacolo e per la casa editrice Sestante) la pubblicazione di un libro che illustri le modalità di scrittura e messinscena sperimentate durante la realizzazione di questa nuova forma di tecno-narrazione».

(Gli Autori)

zoneGemma is a "bio-technological culture" laboratory set up by four people: performer and techno-artist Giacomo Verde, computer artist Massimo Cittadini, dramatist Andrea Balzola and the critic and theoretician Anna Maria Monteverdi.
These different backgrounds have merged in the concept of interaction between research in theatre and techno-art (i.e. using and experimenting with digital and audiovisual technologies), in order to create communication and entertainment zones and events.

«T he Mandala System is a software and hardware package for Amiga computers: it allows objects filmed by a video camera to be integrated with computer-generated backgrounds and moving objects. This makes it possible to show on screen virtual environments which react, transform themselves and generate sounds at the touch of a narrator who thus becomes a cyber-storyteller: instead of a canvas backdrop he has images on a video screen (or monitor), which he himself can alter in real time, in accordance with the pace of the story as it develops. "When I began to draw the Mandala, I saw that everything, all the pathways I had followed, all the steps I had taken, led always to one point – the middle. It became increasingly clear to me that the Mandala is the centre. It is the expression of all the ways. It is the way to the centre, to identification". (C. G. Jung)

The term Mandala, from the Sanskrit for a magic or mystic circle, is for Jung the symbol of the goal of the Self as a psychic whole. Mandala circles are archetypes of the universe and arise from the realm of dreams and the imagination, mostly in situations characterised by disorientation and anxiety, typical states of mind in this period of technological changes which constantly question the sense of one's own identity.

The "Mandala Stories" which we will tell speak of just that: beings and feelings undergoing mutation in a world seething with electronic-emotional connections.

There are seven inter-connected stories: the child-man; the almond tree; the black princess; the crow; the white dog; the stone; the hermaphrodite.

By exploiting the hypertextual potential of digital writing, for every show it is a member of the audience who decides which story to begin with, while the way the narration then develops is up to the "mood" of the audience on each occasion.

Work on the Mandala Stories began in July 1998 with a workshop – open to the public - during the "Scantafavole" theatre festival at Ripatransone near Ascoli Piceno. The show will continue to develop through workshops, meetings and open rehearsals.

The show is put on under the supervision of Anna Maria Monteverdi, who is also preparing for publication (with the help of the authors and the cooperation of publishers Sestante) a book on the writing and performing methods experimented with during the creation of this new form of techno-narration».

(The Makers)